APRENDE A COMPRAR Y COCINAR PESCADO COMO UN CHEF

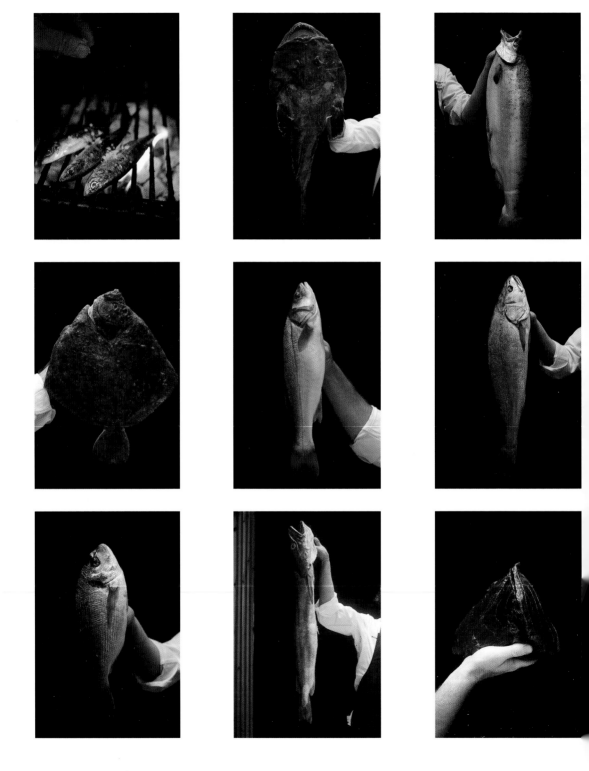

PACO YBARRA

APRENDE A COMPRAR Y COCINAR PESCADO COMO UN CHEF

ALMUZARA

Editorial Almuzara
Colección Gastronomía

Director editorial: Antonio E. Cuesta López
Edición al cuidado de Rosa García Perea
Corrección de textos: Antonio García Rodríguez
Diseño y maquetación: Miguel Andréu Fernández

www.editorialalmuzara.com
pedidos@almuzaralibros.com — info@almuzaralibros.com
Imprime: Gráficas La Paz

ISBN: 978-84-18952-66-1
Depósito Legal: CO-1252-2021
Hecho e impreso en España — Made and printed in Spain

ÍNDICE

PRÓLOGO

Agradezco la invitación de Paco Ybarra a prologar su libro, devolviéndole solo en parte la amistad y generosidad que me ha demostrado cada vez que le he consultado sobre algún tema relacionado con mis investigaciones. La labor profesional y docente que Ybarra ha realizado durante décadas lo convierten en una pieza clave para el conocimiento de nuestra cultura alimentaria. Pero, además, la transmisión de ese conocimiento a sus alumnos lo sitúa en un papel de especial responsabilidad. Esos alumnos son y serán los cocineros que desempeñen la función de educadores del gusto. Tienen la capacidad de ampliar el repertorio gastronómico de los clientes, de darles a conocer productos locales, de profundizar en su cultura culinaria, de reinventar con sentido de la proporción —que eso es la cocina— el pasado y trazar el futuro, de satisfacer la curiosidad, de reparar en lo que podría pasar desapercibido, de poner atención, en definitiva, en la fuente de vida que es la comida.

El tema elegido, el pescado, no puede ser más oportuno. Pocos alimentos han visto tan reducida su oferta en la mesa como el pescado durante el último siglo. Cierto es que la FAO y otros organismos alertan sobre la progresiva reducción de variedades vegetales y de razas animales en la alimentación global, con el riesgo que supone en caso de plagas y epidemias. La oferta alimentaria se ha multiplicado, la paquetería y la exposición en los puntos de venta muestran un panorama múltiple y diverso. Pero, al mismo tiempo y de manera mucho menos llamativa, discurre un proceso inverso: las variedades que permiten la producción alimentaria disminuyen a ritmo creciente. En el caso de las especies ícticas la llamada de atención es quizá menor y, sin embargo, por ser un ámbito alimentario muy frágil y sensible, reclama precaución.

La cocina del pescado brilla con destreza en muchos países; no en la mayoría, desde luego. España ha sido históricamente una destacada, por el volumen del consumo y por la variedad en la preparación. En Andalucía, el rastreo de 4586 recetas de entre mediados del siglo XVIII y mediados del XX, pertenecientes a cuarenta y tres recetarios manuscritos de veintiocho poblaciones, dio como resultado que ¡solo en esa muestra! se cocinaban cuarenta y siete tipos de pescado. Y se hacían de ciento catorce maneras distintas. No cabe duda que se esmeraban y gustaba. Sin embargo, el pescado de río, que desde el siglo XVII tuvo lugar destacado en los recetarios y se reservó para las grandes mesas en Europa, se fue convirtiendo en comida de pobres. Igual que lo eran mariscos muy cotizados hoy; basta recordar que los pescadores de Sanlúcar de Barrameda los comieron con tomate hasta la posguerra. Durante el siglo XX se aceleró el proceso que se había iniciado con la extensión del ferrocarril: la cadena de frío, la centralización del mercado y el auge de hoteles y restaurantes contribuyeron a destacar y a estrechar el gusto: meros, merluzas, lenguados, rapes y besugos eran la norma en las mesas distinguidas y en los locales de renombre. La fritura trazó otro mapa, menos exclusivo pero muy apreciado también, en particular para el pescado azul. Pero no hay que olvidar que la primera freiduría se registró en Sevilla en 1916 ¡Y eran gallegos! Algunas formas de preparar el pescado han arraigado tanto en las cocinas de Andalucía que parece que se inventaron aquí antes de la creación del mundo. Las fronteras en cocina son forzadas y artificiales. El flujo entre territorios y de la cocina doméstica a la profesional y viceversa es regular, con altibajos, lógico y rentable. De ahí también que la presencia de profesionales en este libro sea una contribución tan acertada.

Paco Ybarra ha estructurado con mucho acierto su Libro de pescados, con una introducción histórica, que permite al lector contextualizar lo que interesa; información nutricional y sobre la presentación en el mercado, que amplían el conocimiento de alumnos y lectores; el importante tema de la frescura, la distribución y el tratamiento del pescado, sus hitos gastronómicos y la sostenibilidad e higiene sanitaria. En definitiva, una revisión muy completa, ilustrada por las excelentes fotografías de Alberto Rojas.

Isabel González Turmo

LA COCINA: MI ESCUELA

Hace más de quince años que me dedico a la formación en la Escuela de Hostelería Fundación Cruzcampo, insignia del compromiso de HEINEKEN España con el sector hostelero. Es un auténtico orgullo pertenecer a una entidad volcada en fines culturales y sociales, referencia a nivel nacional que, lógicamente, no contaría con esa posición sin el compromiso y la solidez de una compañía como la nuestra.

A mi modo de ver, la dinámica de mi escuela viene guiada por dos principios: compromiso con las oportunidades para la juventud apostando por la formación para despertar su talento, así como la solidez en un sistema que nos ha permitido enseñar, hasta día de hoy, a más de quince mil alumnos a lo largo de veinte años. Teniendo como rasgos diferenciales la oportunidad para todos los perfiles y una formación integral a medida (no solo nos dedicamos a enseñar técnicas y conceptos, pensamos los profesores, somos más educadores; sembrar la semilla de la curiosidad en nuestros alumnos es nuestra principal tarea y modelarlos para las exigencias del mercado laboral es nuestra meta). Raquel, Carmelo, Javier y Juan Ramón me acompañan en este cometido, estando la mayoría antes que yo en la escuela; quiero darles las gracias por el día a día de tantos años de trabajo.

Debo decir que, salvo los límites de coste lógicos comparables a cualquier empresa de restauración, el equipo de la escuela nunca ha tenido ningún tipo de trabas a la hora de buscar, experimentar o ahondar en técnicas y conocimiento de productos que ayudaran a transmitir la pasión y saber hacer, por supuesto poniendo especial atención en la cultura cervecera, pieza angular de nuestra formación.

Talleres de técnicas y productos (de los que no falta obviamente el pescado), prácticas reales en establecimientos y unos desmenuzados conceptos teóricos son la pieza tangible de nuestra oferta, teniendo las prácticas reales una importancia relevante ya que de una forma u otra el alumno experimenta de primera mano sus capacidades y actitudes para el mundo al que se enfrenta.

El hecho de tener nuestro propio espacio abierta al público con una gastronomía elaborada y servida por nuestros alumnos y, debo decir, con gran aceptación, no hace sino corroborar lo hablado y motivarnos en nuestro trabajo diario.

CARA, PIEL Y... ALMA

Con un simple vistazo a nuestro mapa, sin entrar en profundidad, nos damos cuenta del carácter marinero de España, donde la pesca ha jugado siempre un papel activo en los avatares de nuestros antepasados. Al principio solo podían beneficiarse de este alimento los habitantes cercanos al mar o a los ríos y lagos. Probablemente el primer arte de pesca masiva fueron los corrales, hasta no hace poco en activo, existen abundantes excavaciones que así los atestiguan. La utilización de la sal como conservante ayudó de forma decisiva al consumo fuera de su hábitat, hecho que, según Hübner, se lo debemos a los fenicios, que fueron los creadores de las salinas en nuestro país, proceso que fue sistematizado por los cartagineses y que nos ha llegado como uno de los referentes económicos de Roma en la Península junto con el *garum*. Seguramente no podríamos entender esta historia sin otra arte de pesca ancestral: las almadrabas, que es la forma natural de pesca del atún utilizando sus épocas de desove y que antiguamente era una actividad que rodeaba la península, luego siguió por los alrededores del estrecho y el mediterráneo con algunos vaivenes, aunque podemos decir que ha sido de siempre una industria lucrativa.

> *A partir del siglo XIII, esta industria en el estrecho pasó a manos de la casa de Medina Sidonia, que organizaba visitas de personalidades a las playas de Zahara y Conil para contemplar el espectáculo. Era un elemento que otorgaba identidad, porque era la principal actividad de la zona y ocupaba el lugar primordial en la economía de la casa ducal.*

...Explica David Florido, autor de *Las almadrabas sur atlánticas andaluzas: historia, tradición y patrimonio (S. XVIII-XXI),* en una entrevista en el *Diario de Sevilla* el 19/1/2020. Este mismo autor defiende que este tipo de pesca hizo que diferentes culturas mediterráneas (básicamente valencianos, baleares e italianos) se unieran en la temporada dejando un léxico propio y peculiar con palabras de distinta procedencia. Con estas apreciaciones, recalcamos que la pesca trasciende de una actividad primaria a otras secundarias o terciarias como pueden ser comerciales o culturales, que definen antropológicamente a espacios costeros, dotándoles de personalidad propia y de gastronomía, que como explica Brillant Savarin, transciende de los que comemos a otras actividades humanas, rigiendo la vida entera.

Una de las poblaciones más modernas creadas por la actividad pesquera es el caso de Isla Cristina, provincia de Huelva, cuya geografía actual viene producida por el terremoto de Lisboa en 1755, aunque afectó también en todo el litoral occidental andaluz y parte del interior. Tras dicho terremoto, se fundó una pequeña colonia pesquera de catalanes y valencianos que, hasta nuestros días, se ha convertido en el segundo puerto en cantidad después de la capital gaditana, además de uno de los grandes pueblos de la provincia onubense. Durante el siglo XIX y principios de XX, junto con Ayamonte y Huelva capital desarrollarán una industria conservera basada en la sardina y el atún, siempre marcados por los vaivenes de los tratados internacionales; todavía hoy, cuando no queda nada de sus almadrabas, nos muestran en sus bares platos que nos retrotraen a ese pasado atunero: el *pellejito*, hecho con la piel de los túnidos y que, tan bien, refleja Ángel de León en su libro *El Chef del Mar*. Suponemos que la piel del atún era de las pocas partes que no comercializaba la industria, y el pueblo se las ingenió para hacer una receta no solo comestible sino un plato que, bien ejecutado, es digno de estar en el olimpo Michelín; los isleños no olvidan su pasado y lo siguen manifestando en sus tradiciones culinarias. Actualmente hay intentos de recuperación de dicha almadraba, aunque destinándolo a compartir su cometido con actividades turísticas.

Otros ejemplos de *modus vivendi* se repiten en localizaciones pesqueras a lo largo del litoral peninsular, pero también tenemos ejemplos de la importancia de la cultura del pescado en nuestro país en localidades del interior; quizás el ejemplo más claro sea el bacalao como principal protagonista del recetario cuaresmal (paradojas de la vida pescado de herejes en épocas anteriores), fundiéndose en los aromas de la tradición; torrijas, bacalao, domingo de ramos... Les suena, ¿no?... O del país hermano, Portugal, donde encontramos un sinfín de recetas siempre elaboradas de diferentes maneras y con el nombre de su inventor. Otro ejemplo serían los peces de agua dulce, pero ese es otro libro, aquí hablaremos solo de los peces marinos y sus formatos. Ciertos productos y formas de hacer transcienden de un mero gusto cultural a transformarse en un instrumento de concienciación identitaria, de gran relevancia en la actualidad, que además de económico crea más de un rifirrafe de tono politiquero. A mi entender esta concienciación identitaria presupone un conocimiento de ciertos productos de los habitantes de las zonas, o la capitalización de técnicas o recetas, vendiéndose como usos y costumbres milenarios, siendo irrelevante en muchos casos. Suele crear este último concepto algo de inseguridad a la hora de cocinar algún género, ya que al no pertenecer a nuestra cultura local nos parece una intromisión, aceptando con resignación los consejos nativos. Este análisis se hace muy patente a la hora de cocinar pescados también por la dificultad de su distribución, conocimiento del producto o bien, desconocimiento de los nombres locales.

Paradójicamente parece ser que en el panorama gastronómico actual es cuando más se habla de cocina y, sin embargo, cuando menos se práctica (*Cocinar era una práctica*, Isabel González Turmo) frase con la que no podría estar más de acuerdo. Quizás la prueba más palpable de esta disección sea el momento que está pasando un producto como el pescado; ferias de todo tipo, temporadas que se suceden en diferentes puertos nacionales y que hacen las delicias de los veraneantes, fotos en redes sociales con especies, que habrán existido siempre, pero presentadas como novedad… En definitiva, un largo etcétera de actividades en su entorno que contrarresta con la cada vez más escasa entrada en casas particulares. Según la Confederación Española de Pesca, en su informe anual, detalla como en España, aun manteniéndose como el mayor captor de la Unión Europea tanto en calidad como en cantidad, cae cada año en consumo doméstico. No queremos decir con esto que hayamos perdido el interés por los productos de mar, porque creo que no sería cierto, pero sí que lo hemos alejado de nuestra culinaria diaria de forma flagrante, lo cual nos precipita aún más a su desconocimiento y abandono. Y es precisamente en ese diario donde debe hacerse fuerte este producto; en nuestras despensas, por tradición gastronómica y, por supuesto y cada vez más importante, por preservar una dieta saludable. Es por ello el atrevimiento de este libro, para aprender sobre el pescado que siempre nos ha acompañado y que, por distintos factores, ya solo lo vemos en vitrinas congeladoras y en formatos de lomos o surimis. Sin más, querido lector, procedamos a intentar desentrañar sus secretos, sus temporadas, limpieza y cortes... sus tratamientos en general. Sin más, atrevámonos a descubrirlo con cara, piel y... alma.

GENERALIDAD SOBRE
LOS PESCADOS

Es bien sabido que la extensión marítima es superior a la terrestre, y que la vida en ella fue el principio de la vida misma; con estas ventajas no es difícil de entender la riqueza, tanto animal como vegetal, que comprenden los océanos y mares, muy superiores al exterior. Es por ello que existe una gran variedad de especies con sus tamaños, formas, colores, sabores u orígenes distintos. Aun así, podemos enumerar algunas características comunes en todas ellas y que, de alguna forma, los define: los peces son animales vertebrados, compuestos por espinas, eso sí, de tamaño variable, de carne blanda (no necesitan las grandes estructuras musculares ni óseas, como los animales terrestres para luchar contra la gravedad) sus colores varían dependiendo del tipo de pescado que se trate y el aspecto de la piel es brillante, tengan o no escamas. En todas las especies se da la estacionalidad: hay épocas de apogeo en las que es propicio su consumo y disfrute y otras en las que está vedada su captura. Si unimos dicha estacionalidad a que es un producto que depende, en gran medida, a la captura de animales salvajes, a diferencia de la mayoría de los productos que entran en nuestra despensa, propios de un sistema de producción con un control muy exhaustivo de calidad, tamaños o costes, nos daremos cuenta de que el pescado suele ser un gran dolor cabeza para muchos cocineros y cocinillas, dado que se necesita de algunos conocimientos para su manejo: un ejemplo claro sería que en una misma especie cambiaría sus cocción dependiendo de su tamaño o su valor nutritivo (las grasas traspasan el calor más lentamente que las proteínas es por ello que una sardina con más grasa se cuece más lentamente que una con menos, aunque sean de la misma especie y tamaño).

Pero esa amplitud de posibilidades es lo que les hace ser muy interesantes; además sus resultados son sutilísimos y es un alimento de gran valor nutritivo, rico en vitaminas A, D, E, B12, sales minerales, calcio, fósforo, sodio, yodo y, muy importantem, de fácil digestión. En la mayoría de los casos sus aportes en grasas no solo son buenas, sino que además se alían con nuestro cuerpo para contrarrestar los efectos de las dañinas. Existen diferentes formas de clasificar los pescados, dependiendo del factor que tomemos en consideración en cada caso. Vamos a clasificarlos teniendo en cuenta los siguientes factores:

Por su hábitat definiéndose como el medio físico en que se desarrollan los peces durante su vida hasta el momento en que son capturados. Atendiendo a este concepto, podemos distinguir entre:

Pescados de agua dulce: Son aquellos que viven en ríos o lagos de agua dulce. Suelen ser pescados grasos. En nuestro país el consumo de este tipo de pescado es escaso. Especies: angula, truchas, salmón.

Pescados de agua salada: Se llaman así a los que nacen, viven y se desarrollan en agua salada (océanos y mares). Son el grupo más abundante y consumido en nuestro país. Especies: Merluza, lenguado, lubina, mero, rape, bonito, boquerones, besugo, sardinas...

Piscifactorías: Podemos traducirlo como la cría de peces en estanques de larga tradición y cuyas primeras noticias datan del siglo V a. C. En los últimos años, las piscifactorías, han experimentado un gran desarrollo, y los pescados procedentes de ellas se consumen cada vez en mayor número. Se pueden criar especies tanto de agua dulce como salada. Daremos buena cuenta de ello en la sostenibilidad y medio ambiente.

Por su composición nutritiva con un aporte de proteínas comprendido entre un 17 y un 20 %, y entre un 1 y 1,5% de sales minerales. Para clasificarlos según su composición nutritiva lo haremos atendiendo al contenido en materia grasa que poseen.

Pescados blancos o magros: Su contenido en grasa no sobrepasa el 2,5%. Su carne suele ser blanca y ligeramente rosada alrededor de la espina central. El contenido calórico oscila entre el 70 y 80 kcal por cada 100gr. Especies: Merluza, rape, lenguado.

Pescados semigrasos o semiblancos: su contenido en grasa es superior al 2,5% e inferior al 10%. Su aspecto es similar al de los pescados blancos. Hay especies que en una edad determinada de su vida son pescados magros y se convierten en semigrasos al crecer. Especies: Besugo, salmonete, lubina o mero.

Pescados azules: su contenido en grasa es superior al 10%. Su carne suele ser de color oscuro, en ocasiones grisáceas y con manchas marrones. El contenido calórico oscila entre 200 -250 kcal. por cada 100gr. Uno de los más grasos es la anguila con un 25% de materia grasa, salmón, atún, sardina, caballa, bonito, pez espada, etc.

Por regla general los que nadan «cerca» de la superficie son pescados azules, esto se debe a que siendo peces que nadan grandes distancias necesitan agua con mayores concentraciones de oxígeno. Los que viven a media agua serán semigrasos, la mayoría de los que viven en aguas cercanas al fondo (demersales) suelen ser magros y peces planos.

Por su presentación en el mercado: El pescado puede encontrarse comercializado de distintas formas, dependiendo de si se ha sometido o no a algún tratamiento de conservación. A continuación, veremos las presentaciones más usuales en el mercado.

Pescado fresco: pescado que no sufre ninguna operación de conservación desde su captura, salvo la adición de hielo o frío de cámara frigorífica.

Pescado congelado: sometido a la acción del frío, pasando en un tiempo inferior a 2 h. de 0° a -5°C. Después se mantiene en congeladores a –25°C.Podemos encontrarlos enteros o porcionados, pero siempre limpios de vísceras.

Pescado en salazón: Técnica de conservación de gran tradición histórica, sometido a la acción prolongada de la sal. La sal extrae el agua del pescado, quedando este reducido al coagularse las proteínas. Los pescados grasos, con el tiempo, pueden volverse aceitosos adquiriendo un sabor dulzón. Las especies más usuales de pescados sometidos a este proceso serán: arenques, anchoas, caballas, y por supuesto bacalao.

Pescados ahumados: como su propio nombre indica, estará sometido a la acción del humo. Pueden elaborarse en frío (pescados salados), o en caliente (pescados frescos). Para producir el humo se emplean leños, virutas, las especies más usadas en esta variedad son la trucha y el salmón.

Pescados desecados: Sometido a la acción del aire seco para reducir su contenido en agua. Los pescados, una vez eviscerados, y cortada la cabeza, son secados al aire. El color que adquirirán será amarillo claro, tirando a blanquecino.

Pescados en conserva: Aquellos que se presentan envasados en latas o recipiente de cristal y que normalmente han sido sometidos a algún tipo de elaboración o cocinado.

ARTES DE PESCA

Para empezar a hablar sobre las artes de pesca, debemos tener claro los conceptos de pesca de bajura y de altura, ya que van a condicionar de buen grado el pescado que vamos a consumir. La pesca de bajura es la que se realiza cerca del litoral. Como habrá podido imaginar es una zona rica en actividad pesquera, ya que la luz solar ayuda sobremanera a la producción de vida. Si pensamos en la pesca de bajura debemos pensar en pesca de proximidad, en producto recién pescado y de poco tiempo de transporte, de frescura incomparable; artes de pesca muy tradicionales y sostenibles en su inmensa mayoría heredados de tiempos ancestrales y que se siguen haciendo casi de igual manera. La captura se suele realizar en una misma jornada, saliendo a la noche y volviendo a la tarde; desembocando en las lonjas, donde salen las piezas a subasta como pescado fresco; podemos decir que es el km 0 de la pesca. A estas lonjas acuden todos aquellos comerciantes interesados en poner a la venta los pescados y mariscos en sus propios negocios que hacen pujas por lotes de pescado. La pesca de altura, sin embargo, se realiza lejos de la costa y suele ir pareja a la pesca industrial. Las formas de pesca más comunes las explicamos seguidamente, no se vayan.

La pesca de cerco consiste en el lanzamiento de redes desde la propia embarcación: se localiza un banco de peces, se tira un extremo de la red quedando el otro unido al barco, el barco rodea a los peces para luego los pescadores tirar de los extremos para cerrar la red y ya solo habría que tirar de las redes para subir al pesquero. Como comprenderá mi erudito gastrónomo, es un arte adecuado para peces que tienen por costumbre cohabitar acompañados en bancos, individuos de la misma especie que nadan de forma sincronizada en grandes volúmenes, como medio defensivo de depredadores (paradojas de la vida), y migratorio; la sardina, el jurel o la caballa suelen ser piezas pescadas con este arte.

Por otro lado, la pesca de arrastre, es bastante menos selectiva, consiste como indica su nombre en dejar caer una red (dotada con plomo en el fondo y bollas en la superficie) unida al barco y arrastrarla durante un trayecto para capturar cuanto pase por su camino. Imaginarán que es un arte que genera gran controversia por el posible daño ecológico, aunque debemos tener en cuenta que, como todas las artes de pesca estan reguladas en el marco de la Unión Europea y que deben tener sus áreas totalmente delimitadas en zonas donde el impacto sea mínimo. Las piezas que buscan este arte son los cefalópodos y marisco en general, acedías, salmonetes, merluza, rape, entre otros.

El arte del palangre consiste en extender una cuerda madre sostenida con unas bollas o flotadores de donde cuelgan cuerdas, llamadas brazoladas, acabando en anzuelo y carnaza; dependiendo del fondo a donde queramos llegar irán más plomados y largos o menos sí solo nos queremos quedar en la superficie. Los túmidos en general y en especial el bonito es capturado con palangre de superficie. Más al fondo lo son la merluza, el besugo o el rape

El enmalle, sin embargo, parte de una base bien sencilla; hacer una pared de red fija atrapando a los peces que pasen por dicha pared. Para ello debe mantenerse a ras del agua a través de flotadores y llegar al fondo con unos plomos; suelen estar indicadas por unas balizas como señal. Una variedad de esta sería el trasmallo, redes superpuestas de distinto tamaño que deja pasar algunos peces dependiendo dcl tamaño y los que se enredan. Doradas, sargos, salmonetes y lubinas, así como langostinos suelen ser víctimas de este arte.

La almadraba, comentada en los principios del libro, consiste en una serie de grandes redes laberínticas que, aprovecha el paso del atún para desovar, atrapándolo vivo hasta que suben al barco. Es una pesca sostenible y selectiva; el atún rojo.

El arte del curricán es un aparejo unido a una embarcación, lleva un anzuelo con cebo que junto con el movimiento incita al pez a picar; suele estar muy relacionado con la pesca deportiva. Permite conseguir gran variedad de especies, dependiendo de la profundidad de pesca; desde melvas, caballas y doradas, hasta, tiburones, peces espada y besugos en el llamado curricán de fondo.

Con respecto a la pesca de altura hay que señalar que se utilizan artes de pesca similares sobre todo arrastre, palangre o curricán para grandes peces como son el marlín, atún, variedades del tiburón y el mero, aunque podemos extenderlo a especies de diferentes variedades en formas, tamaños y comportamientos. Otra tipo de pesca de altura seria las redes de deriva, una especie de enmalle flotante que, como su propio nombre indica, se dejan a la deriva: atrapando multitud de especies a su paso; incluso, de forma accidental, cetáceos y animales en peligro de extinción, por lo que provocan gran rechazo siendo prohibidas por la Comunidad Económica.

GRADO DE FRESCOR
DE LOS PESCADOS

Desde el momento que un pescado se saca del agua y se produce su muerte, es sometido a unos procesos transformadores producidos por gérmenes, enzimas y bacterias. Estos actúan en un principio en los órganos y después pasan a la carne, dando lugar al mal olor, ablandamiento y decoloración. Es importante conocer bien las características que marcan el grado de frescor de los pescados para poder exigir una buena calidad.

El rigor mortis o rigidez del cuerpo es un proceso natural acaecido después de la muerte del animal; afortunadamente en los peces no es tan drástico como con los animales terrestres. Suele, además, ser más corto y, dependiendo de la especie, delata el grado de frescura del animal: al cabo de horas o algún día empezará su descomposición y se ablandará. En algunas especies intentaremos alargar esa rigidez y en otras la desestimaremos. En principio los pescados cocinados durante este periodo están más firme que los que ya han pasado el rigor. Cuando hablamos de prolongar dicho rigor, consiste en mantenerlo envuelto y rodeado de hielo picado para que la temperatura no supere los 2 ° c: el paño será de papel de cocina o tela y le protegerá del exceso de humedad y evitará que la carne se queme con el contacto del hielo. Por otro lado, ciertos pescados azules como el boquerón, sardina o caballas se mantienen con todas sus garantías sumergidos en agua con hielo. Además de esta rigidez inicial que presentan los pescados tenemos otros síntomas para detectar el grado de frescor sin necesidad ser un médico forense ni un agudo protagonista de serie policiaca actual, pasen y vean:

Agallas *Piel*

- Las agallas deben presentar colores vivos y limpios, rojo en la mayoría de las especies, rosa en otras. Suaves y resbaladizos al tacto, no deben aparecer sucias ni viscosas, tampoco huecos; las estrías bien unidas.

- Ojos saltones, transparentes y limpios, en detrimento de los ya pasados que tienden a volverse blancos grisáceos y sin brillo, con tendencia a aplanarse.

- La piel no debe estar dañada; será resbaladiza, suave, brillante y limpia, debe separarse con dificultad de la carne.

- Escamas abundantes, rígidas y bien pegadas al cuerpo. Hay pescados que pierden escamas durante la captura; les pasa mucho a los migratorios como la caballa o la sardina. Se considera algo normal.

- Tendrá una baba o mucus que le cubrirá la piel, es una proteína que la protege, debe estar brillante y transparente, con el tiempo tiende a secarse. Este mismo mucus nos interesa, ya que ayudará a que la piel se quede crujiente al cocinarla a la plancha, por ejemplo.

Ojos   *Vísceras*

- Las vísceras no estarán magulladas, su olor no será desagradable.
- El estómago sin vísceras ha de estar totalmente limpio y sin mal olor, los restos de sangre serán de color rojo vivo.
- La espina central será transparente, de color similar a la carne.
- El olor a mar o agua dulce.

COCCIONES E HITOS GASTRONÓMICOS DEL PESCADO

En principio el pescado tiene las mismas posibilidades que cualquier otra proteína de ser cocinada y transformada para la mesa; ya comentamos ciertas características tanto, en los apartados de las generalidades y composición nutritiva, como en el grado de frescor. Ahora bien, no nos vendría mal repasar las diferentes cocciones que se utilizan en la cocina y su maximización en los pescados concretamente, además de ciertas elaboraciones o recetas que han llegado al calificativo de hito gastronómico y que, a mi parecer, merece la pena repasar para su mayor conocimiento.

ASAR

Cocinar un género con un mínimo de grasa, a temperatura alta, de forma que quede dorado en el exterior (reacción de maillard) y jugoso en el interior. El fuego puede ser directo (plancha, sartén) llegando el calor a la capa exterior de una forma rápida y muy lenta al interior. O a través de un sistema de aire calentado (horno, brasas.). Toda cocción indirecta requiere más tiempo y es más indicada en el caso de piezas grandes, ya que así nos aseguramos la cocción en el interior. Los asados a la brasa son los más antiguos y su dificultad radica en la temperatura de las ascuas. Las piezas se sazonan previamente dependiendo el tiempo y la temperatura del tipo de género, tamaño, y dureza del mismo. La temperatura del horno son superiores a la de ebullición de 150° a 250°C. Sin embargo, el calor llega de una forma más lenta al interior de los alimentos. El horno debe precalentarse siempre.

Otras técnicas dentro de la misma familia que nos ayudan a preservar su jugosidad son el asado a la sal y en papillote; dos grandes hitos gastronómicos sobre el pescado de las cuales damos debida cuenta en el recetario de este libro en los apartados del salmón, del rape y de la dorada.

Asar

Con respecto al pescado a la sal siempre aplicaremos estos pasos:

- Pescado limpio solo de vísceras, pero con escamas; esto hará que se agarre mejor a la sal y salga limpio cuando la retiremos.
- Sal gorda marina, la humedeceremos con un poco de agua y/o una clara de huevo (hay quien le añade alguna hierba fresca, depende de gustos)
- Pondremos una base de sal húmeda de un dedo de grosor, extenderemos el pescado sobre un lado, bien cerrado por las ventrescas, y enterraremos con el resto de la sal con el mismo grosor, presionaremos para que quede compacto.

- Precalentar el horno a 250°C; cocer veinte minutos por 1 kg de pescado, a partir de ese peso sumamos un minuto por cada 100gr.

- Las piezas de menos peso lo podremos alrededor de quince minutos, si no tiene piel porque cocinamos un corte, lo protegeremos con papel de cocina o papel aluminio.

- Y recordad, esta cocción preserva los jugos naturales del pescado mejor que otra técnica de cocina, es preferible darle dos minutos más si no estamos seguros de la cocción. Hay quién deja la cola fuera de la sal para ver el punto y hay quien se fija en las grietas del caparazón de sal como muestra de la cocción del pescado; este debe quedar duro como una piedra y salir de una pieza para no salar la carne.

Otra forma de asado puede ser a la parrilla; quizás la más ancestral de todas las artes culinarias, no es difícil imaginar a nuestros ancestros alrededor de los escombros incandescentes, ya que de alguna manera es un rito que nuestra especie sigue ejercitando los fines de semana. Con respecto al pescado nos ceñiremos a ciertas recomendaciones:

- Utilizar piezas enteras con piel y espinas; preservarán mejor su sabor. Hay quien le deja también las escamas para preservar más la jugosidad

- Salar con sal gorda.

- Untar con aceite.

- Calibrar el grosor con la temperatura de la brasa; a más grosor, menos calor directo.

- Si la pieza es muy grande es posible hacer algunos cortes en la parte más gruesa para homogeneizar la cocción.

BRASEAR

Se emplea casi siempre con piezas grandes que se sellan igual que los asados, pero se acompañan de hortalizas y un caldo que no cubre totalmente el alimento. Después se tapa, de ahí su nombre y se terminan al horno o en fuego, en el caso de los pescados tenemos braseras específicas, debido a sus formas; como son las turboteras para el rodaballo o las besugueras.

Personalmente tengo muy buenos recuerdos de un atún mechado que hacía mi madre y que tomábamos en frío con salmorejo en las épocas de verano; era uno de sus platos estrella y se hacía precisamente con esta técnica con un albardado en paño para imprimirle presión; ese binomio de pescado y sopa fría me acompañó desde pequeño y creo que, sin quererlo, se ve bien reflejado en el recetario.

ESTOFAR

Cocinar un género con hortalizas y un líquido que los cubre en un recipiente tapado, a fuego suave. Originariamente los ingredientes no se rehogaban, en la actualidad se suelen sellar. Las hortalizas que lo acompañan formarán parte del plato. Mi ingenioso lector habrá adivinado que la técnica a cocinar en este caso, es lo que vulgarmente llamamos un guiso, donde haremos un sofrito, lo mojaremos con un líquido aromatizante (fumet), más verduras y le añadiremos piezas de pescado. Dentro de nuestra cultura tenemos infinidad de recetario con estas directrices, aunque el hito gastronómico este caso tiene varios nombres; suquet, bullabesa, cazuela de pescado, etc… Todos con pescados de

Estofar

roca, en su mayoría, y fumet rojo; de marcada procedencia mediterránea. A la hora de disponernos a hacer un estofado con el pescado tendremos siempre distintas precauciones.

- Antiguamente se echaban al guiso los pescados más económicos; hoy los que aguantan la cocción y dejan mejor sabor en el caldo, rape, corvina o mero, son buena muestra de ellos. Pero como todo depende de los gustos...

- También podemos fijarnos en partes de pescados para esta elaboración, la zona de la cola con gran aporte de gelatina o las ventrescas con sabor más bravo por su cercanía con las vísceras.

- Recordad que estás cocinando pescado en piezas pequeñas; las cocciones son muy cortas; al final de la elaboración es el momento de integrar el pesado en la cazuela.

- Todos los elementos deben ir ensalzando el sabor del pescado, un buen sofrito, vino blanco, un buen caldo, las verduras de guarnición, podremos añadir también elemento de ligazón y aromático como es un alioli.

FREÍR

Cocinar sumergiendo el producto en una grasa caliente. Favoreciendo las reacciones de maillard y el desarrollo de los sabores. Cuando nos referimos a grasa caliente queremos decir muy caliente, y ese grado nos va a delimitar el tipo de grasa a utilizar ya que cada una tiene sus limitaciones o grado máximo; oliva hasta 180°c, girasol hasta 160°-170°C, mantequilla hasta 90°C.

La dificultad radica en evitar que el exterior se pase mientras se hace el interior, las altas temperaturas deshidratan rápidamente la superficie. Dependiendo de la cubierta del producto tenemos, al menos, tres o cuatro tipos de fritura.

Con el producto desnudo es una técnica muy empleada con las verduras, donde, por lo general, solamente se pela y se corta para hacerle el baño de fritura, unas patatas fritas suele ser un ejemplo muy gráfico sobre esta técnica, no suele utilizarse para el pescado, debido a su alto contenido en agua, necesitando una protección adicional.

Las frituras pasadas por harina, es de uso común: la fritura andaluza o pescaito frito, clásico donde los haya, garantizamos su éxito teniendo en cuenta ciertos puntos:

- Piezas pequeñas ya sean en corte o enteras; boquerones, ace-días, piezas de merluza, etc., no te importe que tenga espinas, por lo general aportarán jugosidad.

- Actualmente existe la técnica de salar el pescado en una salmuera de un 10% de sal unos quince minutos, secándolos posteriormente, de no ser así podemos salarlo de forma tradicional con sal fina antes o después de la fritura, todavía caliente.

- Pasarlas por harina por toda la superficie y escurrir bien el exceso. Siempre en el momento de freír, nunca antes, de lo contrario el pescado absorberá la harina

- Baño de fritura bastante potente, 180°C a ser posible aceite de oliva, pero de variedad suave, para que no sea demasiado intrusivo. No llenemos demasiado la freidora de pescado; mientras más espaciado y separado se fría, más aseguraremos mantener la temperatura y formar su costra crujiente y, por lo tanto, una buena fritura.

- Sacar el pescado suavemente para que caiga el aceite sobrante; escurrir el exceso de aceite en un escurridor o sobre papel de cocina.

- Existe otra modalidad que es freír piezas grandes enteras, cocción más lenta, con el pescado con sus propias escamas; su carne quedará parecido a un papillote por su jugosidad.

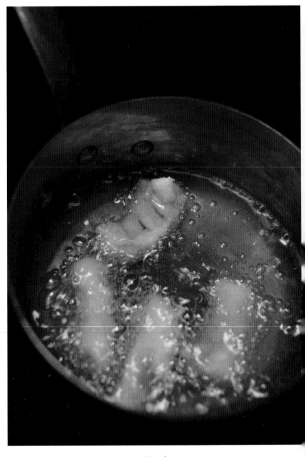

Freír

El rebozado sería otra modalidad de fritura; está vez el producto va envuelto en una pasta aérea que la protege, y la cual también podemos subdividir según sus componentes que, como podrán imaginar, está plagado de hitos gastronómicos:

A la romana: Compuesto por harina y huevo; por ese orden y teniendo mejores resultados si nos atrevemos no sólo a batir los huevos sino a montarlos para que el resultado sea más esponjoso.

Orly: Pasta hecha con harina y espuma de cerveza, que le añadirá aparte de sabor, esponjosidad.

Tempura: Pasta asiática compuesta por harina, agua y levadura, si es con levadura fresca dejar fermentar para que sufle bien en la fritura, si por el contrario utilizamos levadura química podemos utilizar agua con gas.

Pavías: Compuesta por harina, huevo agua, levadura y colorante, perejil. Incluso un poco de cebolla picada.

Haríamos bien de seguir los siguientes consejos para un mejor rebozado:

- Tener la pasta de rebozar preparada para bañar el pescado justo antes de freír.

- Es preferible no utilizar freidora para esta fritura, debido a que se nos puede pegar a la rejilla; utilicemos pues un perol o parisién, en su defecto una sartén bien honda.

- La temperatura del aceite es ligeramente inferior, 160°c-170°c; asegurarnos que el aceite está a la temperatura adecuada, hacer una prueba con una gota de la pasta para verificarla.

- No freír piezas grandes, aunque la fritura sea moderada. Ayuda, además, que estén bien espaciadas en el aceite, limitando las cantidades a freír al mismo tiempo.

- La primera reacción de un rebozado es flotar así que hay una parte que no se está haciendo, ayudarse con la araña o una espumadera y darle vueltas de vez en cuando para la cocción sea homogénea. Recuerda que el color de un rebozado es más bien claro.

- Escurrir el aceite sobrante y reposar la fritura sobre una escurridera o papel absorbente, añadir sal fina, si hiciera falta.

El empanado tradicional consiste en pasar la pieza por harina, huevo y pan rallado, por ese orden; generalmente es una técnica que se utiliza para combinar varios elementos y que en el mundo cárnico tiene varios hitos gastronómicos.

La reina indiscutible del empanado es, sin duda, la croqueta; una de las grandes protagonistas de la gastronomía patria y sus versiones de pescados y mariscos como son de bacalao o gambas levantan pasiones. Como no podía ser de otra forma, formularemos algunas precauciones para un mejor empanado.

- Si la pieza es de cierto grosor, es interesante filetearlo más fino o golpéalo suavemente con papel de cocina sobre la pieza para adelgazarlo (espalmarlo).
- Pasar por sal como en la fritura tradicional y harina escurriendo el sobrante.
- Bañar en huevo y colar para deshacernos del huevo sobrante.
- Pasar por pan rallado y apretar con las manos para que se incruste bien en el filete.
- La fritura debe ser de unos 170°C: piense que el pan rallado no es un producto crudo del todo y que la pieza es fina.
- Esperar a la temperatura adecuada y no llenar demasiado la freidora, recuerde; limite las cantidades para freír al mismo tiempo.
- Dorar de forma homogénea y escurrir el exceso de aceite; reposar la fritura sobre una escurridera o papel absorbente, añadir sal fina si lo requiere.
- En caso de croquetas las proporciones de la bechamel deben estar bien medidas y cocidas, así como es aconsejable freír a partir de 180°C, de lo contrario se abrirán.

CONFITAR

Cocer un alimento en una grasa o azúcar estando totalmente cubierto de la misma. La temperatura no debe superar los ochenta grados. Se utilizaba para conservar productos y así tenerlos durante todo el año. Es cierto que el nombre nos suena a una técnica de pastelería, y cuando sueltas el término de bacalao confitado (otro hito gastronómico) algunos piensan que es una especie de bacalao dulce; nada más lejos.

Sin esta técnica no podríamos hacer el bacalao al pilpil, por ejemplo; ya que la suavidad de la cocción, respeta la gelatina natural del pescado, así que para ello siempre debemos confitar el bacalao, no más de 80°C, aromatizado previamente con ajo; y con un leve movimiento iremos despojando al pescado del gel que se irá incorporando al aceite y que posteriormente hará de estabilizante en la salsa.

ESCABECHAR

Es una técnica con similares características que confitar, en este caso cocemos un alimento de grasa aromatizada de hierbas y especias, llevando el añadido de un elemento ácido, ya sea vinagre o cítricos. Es de gran tradición patria ya que permitía deshacerse de malos aromas provenientes de la putrefacción y ayudaba a la conservación del elemento. En cuanto al pescado en escabeche es un hito gastronómico rotundo ya que hay especímenes que tradicionalmente no los podríamos entender sin esta elaboración; especialmente los pescados grasos a los que le viene tan bien esa acidez para contrarrestar su sabor. Lógicamente hoy en día, cuando nos disponemos a escabechar, lo hacemos buscando sabor y aromas que hagan destacar las cualidades del pescado; es por ello que las cocciones han menguado y la cantidad de vinagre también, volviéndolos más sutiles y digeribles.

LACAR

El lacado es una técnica que suele ir pareja al pato en la tradición china, aunque también podemos utilizarlas en pescados. Para ello necesitaremos una salsa que ayude a caramelizar el exterior con el efecto del calor y deje crujiente la piel, con una relación de grasa y azúcares que ayuden a caramelizar. Los pescados grasos con piel son excepcionales para esta técnica. prueba el salmón teriyaki.

Es una cocción muy popular con el marisco, pero muy denostada con el pescado, dejándolo prácticamente reducido a cocina de dieta. Sin embargo, es buena opción para pescados no grasos y como pre elaboración (un ejemplo clásico sería las conservas: la melva o caballa se suelen cocer, luego pelar y espinar y procesar en la misma lata con aceite en la autoclave para su esterilización).La temperatura ideal para cocer el pescado es no pasar de los 70°C en el interior, así que recuerde, cocciones suaves y delicadas: el agua es un conductor de temperatura muy eficaz. Terminar el pescado en un caldo corto (fumet aromatizado) por la parte de la carne una vez marcado por la piel, es una técnica que no te dejará indiferente ya que mantendrá toda su jugosidad

COCCIÓN AL VACÍO

La técnica más novedosa aquí contada, podemos decir casi las mismas prestaciones que el apartado de hervir, salvo que es más rigurosa y preserva mejor los nutrientes; además de precisa. En la actualidad es de las más utilizadas en cocina por su fiabilidad y limpieza. Cocciones suaves, aromas y jugos que no se pierden, respeto al producto, es una técnica cargadas de ventajas.

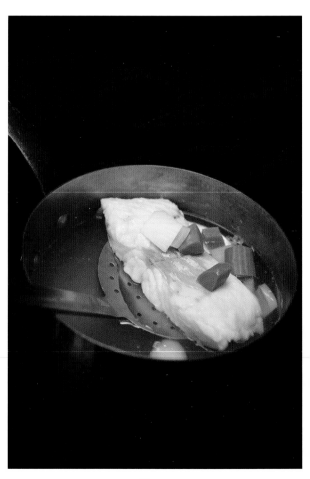

Cocer

Parte del mismo principio, aunque el producto no está en contacto con el agua, aprovechando los vapores que desprende, manteniendo ciertos nutrientes y propiedades del alimento. Los bivalvos como los mejillones o las almejas suelen cocerse de esta forma siempre aderezados con elementos aromáticos y utilizando los jugos residuales como salsa. Otra modalidad bastante más moderna y operativa es con el microondas debidamente tapado para concentrar jugos (no deja de ser un papillote); merluza, salmón y sobre todo bacalao son platos que bien aderezados y sin pasarte de cocción dan buen resultado de esta forma.

CURAR EN SAL

Se utilizaba en otras épocas como método de conservación; por el poder curativo de la sal; en la actualidad esta curación es un tipo de cocción que retira agua del producto y domestica (permítanme la expresión) las grasas, aportando aromas salinos que suelen gustar mucho. Goza de una popularidad enorme por lo sencillo y familiar en gustos que resulta, y además preserva nuestro pescado de estropearse antes. ¿Qué más queremos? en el apartado de las sardinas damos buena muestra de ellos.

Marinar

Consiste en sumergir el producto en una serie de líquidos, generalmente aromáticos, que, como mínimo, aromatizarán, en otros casos reblandecerán y en último ejemplo cocerán la proteína y las dejarán listas para comer. Cabe decir que estos supuestos de la acción del marinado se van superponiendo con respecto al tiempo y la intensidad del marinado; es decir, un plato listo para ser ingerido por la acción de una marinada también está aromatizado y reblandecido.

Con respecto al pescado es casi inexistente la utilización de esta técnica para su reblandecimiento, ya que es un producto que, como hemos visto en sus características, no se muestra con la misma dureza que la carne. Sin embargo, sí es utilizada para aromatizar y cocer a través de sus ácidos.

Los hitos más destacados con esta modalidad serían los boquerones en vinagre, en plano más local, y el ceviche, en un ámbito más global. Para ambos tendremos en cuenta ciertas precauciones.

- Elegir el pescado muy fresco.
- Limpieza escrupulosa.
- Congelación previa para prevenir el anisakis.
- El uso de hielo y/o agua muy fría para mantener el rigor mortis o textura enteriza del pescado.
- Tiempo estimado de maceración con respecto a la acidez de ésta.

Con respecto al recetario damos debida cuenta de esta técnica en las secciones de la sardina y la merluza.

SOASADO

Técnica que significa levemente asado; impensable hace unos años en nuestros gustos patrios, hoy por hoy goza de gran aceptación en productos como el atún y algunos pescados grasos; el gran hito gastronómico de esta técnica quizás sea el tataki.

SALTEAR

Rehogar a fuego vivo y en continuo movimiento piezas pequeñas o finas de alimentos, ya sean vegetales o proteínas, por lo general. No se suele utilizar mucho para el pescado, especialmente blando y desestructurable para tanto vaivén, salvo en aquellos con estructuras más fuertes o en la cocina asiática.

Saltear

TRATAMIENTO DEL PESCADO: LIMPIEZA, MANTENIMIENTO Y PORCIONADO

Para mantener las cualidades del pescado hay que seguir un tratamiento específico. La cocina y utensilios deben estar siempre en perfectas condiciones de limpieza y desinfección como regla básica. Más teniendo en cuenta que, como en el caso de muchas elaboraciones, comemos el producto crudo o soasado; para ello también es vital que todas las operaciones se hagan con la máxima limpieza para asegurar sus cualidades organolépticas y reducir las pérdidas nutritivas y las posibilidades de coger alguna infección. Por otro lado, los desperdicios deben evacuarse con la mayor rapidez posible, para evitar infecciones, malos olores y la atracción de insectos. La temperatura en el lugar de trabajo debe ser lo más fresca posible.

Hasta el momento de utilizarse, el pescado fresco debe mantenerse en la cámara a una temperatura que no sobrepase los 2°C. Se cubrirán con un paño húmedo o con hielo y siempre eviscerado, de esta forma lo protegeremos del exceso de frío del hielo. Es importante también ponerlo sobre una rejilla o escurridor para que el pescado no acabe bañado en el líquido que desprenda el mismo hielo.

Entendemos como limpieza y conservación el tratamiento que damos a un pescado crudo para su mejor conservación y facilidad en su elaboración, por lo tanto, lo primero que debemos hacer con los pescados es limpiarlos (destriparlos, escamarlos, retirar las aletas y la piel si fuese necesario).

Este es un proceso, por lo general, se lo dejamos a nuestro pescadero de referencia, pero de no ser así vamos a exponer algunos consejos prácticos para que os manejéis con soltura y con todas las garantías higiénicas. En primer lugar, necesitamos cinco elementos básicos: unas tijeras de pescado, un cuchillo, un escamador, unas buenas pinzas y plástico desechable que cubra la mesa de trabajo (y quizás unos guantes).

- Estiramos el plástico, que es desechable, sobre la mesa limpia; bien extendido, que no tenga pliegues ya que puede dar lugar a pequeños accidentes domésticos.

- Disponemos la pieza de pescado sobre el plástico de forma cómoda para trabajar.

- Cortamos las aletas con las tijeras lo más pegadas posible al cuerpo del pescado.

Escamar

- Escamamos con suavidad para no deteriorar la carne del pescado, la posición del pescado debe tener la cabeza cerca de nosotros y la cola más lejana, haciendo movimientos de escamar con el brazo hacia nosotros. Una vez escamado pasar la mano sobre la piel para asegurarnos que no quedan escamas, de no ser así repasar la zona con el escamador, pasar luego un papel para limpiar.

- Introducir la punta del cuchillo por el orificio y cortar hasta la cabeza; retirar las vísceras con la mano, pasar un poco de papel desechable para limpiar el interior.
- Con ayuda del chuchillo cortar los extremos de las agallas y retirar con mucho cuidado de no pincharte.
- Volver a pasar papel para limpiar, posibles restos de sangre y suciedad.

No es aconsejable cortar la cabeza con la idea de no manchar de sangre la carne del pescado. Reservamos la pieza de pescado y retiramos el plástico guardando dentro de él toda la suciedad.

CONSERVACIÓN

Una vez limpio, lo ideal es que, si no hace falta o no lo vamos a utilizar al momento, dejemos al pescado de una pieza; mientras menos contacto tenga la carne con el exterior mejor. En algunos casos, como es el del mero, ayudará a su curación y hará que su carne se encuentre más comestible. Los pasos más importantes para una buena limpieza y conservación serían:

- Pasamos por un paño o papel desechable; evitando la limpieza con agua de grifo, de lo contrario le arrebatamos su protección natural proteínica.
- Lo mejor es dejar la pieza entera, si consideramos sacar la espina y la cabeza, porque nos haga falta para empezar a elaborar; pondríamos los lomos juntos carne con carne y con la piel al exterior.
- Poner la pieza en barqueta con rejilla o escurridor, proteger con plástico o papel de cocina, cubrir con hielo y meter en nevera o cámara.
- Limpiar de exceso de agua la barqueta y poner más hielo en caso que los necesite, periódicamente cada ocho horas aproximadamente, para que el pescado no acabe bañado en líquido que desprenda el mismo hielo.

- En el caso del atún y el bonito si ya viene en piezas cortadas, como es habitual, es aconsejable envolver en papel de cocina desechable o paño fino y papel film, que nos asegure una protección eficaz contra la humedad, y meterlo en nevera o cámara, es una técnica que nos ayudará a que madure, en caso de necesidad.

- Otra técnica más interesante aún sería envasar al vacío las piezas, sobre todo si pensamos en congelar; de ser así cuanto antes se haga mejor, de esa forma nos aseguraremos un mejor estado del pescado cuando descongelemos (es una técnica cada vez más utilizada en las casas particulares). En el caso del atún repetiríamos la técnica del papel desechable y envasaríamos; técnica infalible para la maduración de este pescado.

Hemos comentado que algunos pescados por sus características tienden a tener un rigor mortis más fuertes que otros como son el caso del mero o el atún; en otros casos prolongamos ese rigor mortis en agua con hielo como puede ser el caso de los boquerones o las caballas.

CORTES DEL PESCADO

Una vez que hemos decidido cortar debemos pensar muy bien que elaboración queremos hacer con el pescado, ya que su uso y características delimitarán el tipo de corte. A los profesionales a menudo nos preguntan cuánto de pescado ponen por comensal, la media es de 150 gr limpio, estamos hablando de un producto que suele tener entre un 50 a un 60% de merma, así que echen ustedes las cuentas de las cantidades a tratar cuando lo pongan en sus mesas:

- Filete: Lo obtenemos de pescados planos como el lenguado, donde sacamos dos filetes finos de cada lomo; limpios y desespinados. También se sacan de pescados cilíndricos o pisciformes con el cuchillo cejado en piezas finas; suelen pesar entre 50 y 75 gr. Son muy interesantes para cualquier tipo de fritura, dándole formas debido a su versatilidad (popietas, turbantes), o bien papillotes.

- Medallón: Se obtiene de los lomos de pescados cilíndricos, su grosor será de 1 ó 2 cm. Tiene forma redonda y se presenta sin piel ni espinas. Siendo una pieza bastante gruesa necesitaría cierta cocción, pero con cuidado de no pasarse, ya que puede perder jugosidad: cocciones en salsa, caldo, papillote o al vacío son ideales.

- Rodajas y tranchas: Corte referido a los pescados cilíndricos, en el caso de las rodajas, y pescados planos en el caso de las tranchas; consistente en un corte vertical que incluye piel y espina central. Suelen ser cortes que ayudan a la jugosidad en la cocción, gracias a la espina, teniendo en cuenta que esta será sobre la carne directamente sin la protección de la piel. El darné sería el mismo tipo de corte muy familiarizado con el salmón.

- Supremas: Pieza por lo general rectangular, sin espinas con o sin piel; que se saca de los lomos de los peces pisciformes. Suele ser la parte más noble del pescado, desechando la ventresca y la cola.

Otros cortes pueden ser las brochetas, las tiras o las grandes piezas si espinas para cocer rellenas.

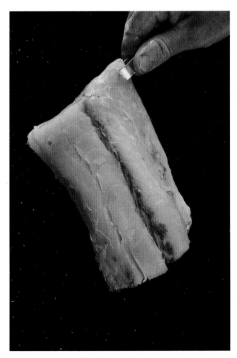

Corte en lomo

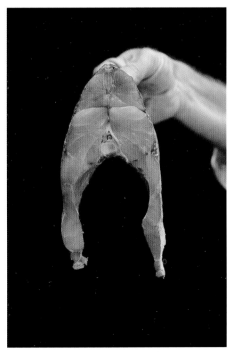

Corte en trancha

LA CONFIANZA EN
NUESTRO DISTRIBUIDOR

Quizás una vez que conocemos las características de un pescado fresco, los procesos de pesca y manipulación; lo más importante sería dónde encontrar un distribuidor de confianza que nos explique bien las características de los pescados y nos dé la calidad necesaria.

Bajo mi punto de vista este es un espacio resbaladizo y espinoso, nunca mejor dicho, ya que no siempre encontramos la profesionalidad en temas tan sensibles como este: no hay más que ver en las noticias artículos de mafias que se dedican a adulterar productos o piezas descongeladas vendidas como frescas; mil y una artimaña con la que engañarnos y vendernos mediocridades nocivas como auténtico lujo: en cuestión de distribución de pescado la picaresca española desborda todo su potencial y si no piensen...¿hay realmente tanto atún rojo como se presupone que consumimos a nivel nacional? O dicho de otro modo, ¿es rojo todo lo que reluce...? Veamos nuestra arma para defendernos de esta nueva piratería.

La trazabilidad es un medio fundamental a la hora de conocer la procedencia del producto y su manipulación, para ello es obligatorio detallar en la etiqueta del pescado:

- El nombre científico del pescado y el nombre vulgar, este suele cambiar dependiendo de la localidad. Este dato es sumamente importante ya que comercialmente algunas especies son más caras que otras.

- La zona de captura, subzona o mapa es otra información valiosa, ya que una misma especie puede cambiar sus cualidades dependiendo de la zona de su ecosistema, hagámonos una idea si lo comparamos con los productos terrestres y sus denominaciones de origen y la temporalidad. Si es de agua dulce hay que especificar la masa de agua (río, lago, etc…) y país de procedencia.

- El método de producción debe dar la siguiente información: si es pesca extractiva, cuando se trate de productos procedentes de la pesca marítima, si es producto de agua dulce y también si es acuicultura, para productos de cultivo.

- El arte de pesca que se ha utilizado. Sabemos que hay artes más respetuosos con el ecosistema y el producto que otros, esta información es valiosa a la hora de elegir nuestra pieza.

- Peso neto del producto.

- Operador alimentario y número de registro. Verificará la trazabilidad del producto en caso de problemas si está en mal estado.

- Debe especificar también la fecha de consumo preferente y condiciones de conservación.

- No se debe mezclar la misma variedad de pescado, de distintas zonas de captura o métodos de producción o pesca, deberán ir separadas y con su etiqueta correspondiente

- Además, sin ser obligatorio, podrá contener más información como puerto de desembarque y fecha, código QR (este último muy interesante ya que te da en muchos casos información muy detallada, como la embarcación de pesca o, incluso, el nombre del mismo patrón de pesca; ¡con foto y todo oiga!).

Además de ello y quizás lo más importante es seleccionar la distribución adecuada, en ese sentido tengo el ejemplo de *Pescados La Moneda* donde el nivel de profesionalidad e información se traduce en satisfacción para sus clientes, entre los cuales me incluyo.

Pepa y María nos muestran a la par exigencia y cercanía, dándote una gran seguridad en tu compra; ten en cuenta que va a seleccionar, limpiar y cuidar tu producto desde horas muy tempranas de la mañana (cuatro de la mañana aproximadamente).

Seguro que hay más *Pescados La Moneda* por todo el panorama nacional que dignifican la profesión y nos ayudan a los profesionales y aficionados a conseguir el mejor producto y sacar lo mejor de ellos mismos: es cuestión de buscarlos y trabajar con ellos.

A continuación, os dejo un cuadro con la temporada óptima del pescado, lo cual no quiere decir que no lo encontremos en los meses en los que no está indicado, sino que en nuestra península lo encontraremos en estado óptimo. Asimismo la franja detallada de tiempo para cada especie puede variar dependiendo de la zona; por ejemplo, la sardina es más interesante en primavera en el Mediterráneo llena de grasa, sin embargo, en verano hasta final de temporada las encontraremos más jugosas en el Atlántico.

	E	F	M	A	M	J	J	A	S	O	N	D
Sardina				•	•	•	•	•	•			
Merluza	•	•	•	•	•	•	•	•	•			
Caballa		•	•	•	•	•	•	•	•	•	•	•
Rodaballo					•	•	•	•	•			
Rape						•	•	•				
Dorada	•	•	•							•	•	•
Lubina	•	•	•							•	•	•
Besugo	•	•	•	•					•	•	•	•
Salmonete				•	•	•	•	•	•			
Bacalao	•	•	•	•	•							
Boquerón			•	•	•	•						
Mero	•	•	•	•	•	•	•	•	•	•	•	•
Pargo	•	•	•	•	•							•
Sargo	•	•	•	•	•	•	•					•
Bonito N.					•	•	•	•	•	•	•	•
Atún Rojo			•	•	•	•						
Melva						•	•	•	•	•	•	
Lenguado	•	•	•							•	•	•
Cabracho			•	•	•	•	•	•	•			
San Pedro			•	•	•	•	•	•	•	•		
Corvina	•	•	•	•	•	•	•	•	•	•	•	•
Rubio	•	•	•	•	•	•	•	•	•	•	•	•
Cherna	•	•	•	•	•	•	•	•	•	•	•	•
Pez Limón	•	•	•	•	•	•	•				•	•

SOSTENIBILIDAD E HIGIENE ALIMENTARIA

Quizás la primera vez que fui consciente de la importancia de la sostenibilidad de pescado y del medio ambiente en el mundo marino fue con unas palabras de Dan Barber en un certamen gastronómico de Andalucía Sabor; este chef siempre ha mantenido por bandera la sostenibilidad y la trazabilidad de ingesta de los animales que consumimos: es normal, y casi inteligente, preocuparse por lo que comen lo que nosotros comemos. Además de la limpieza de nuestros mares, es fundamental tener un conocimiento exhaustivo de la alimentación que las empresas proporcionan en las piscifactorías, así como su limpieza y desinfección.

Quizás el cocinero que más ha apostolado (y utilizo este término con conocimiento de causa) sobre sostenibilidad marina sea Ángel León. De forma personal y ejemplarizante, utilizando en la oferta gastronómica de su restaurante Aponiente los llamados, pescados de descarte: aquellos que desechan los pescadores por no ser rentables. Ángel sostiene que consumimos un porcentaje muy pequeño en variedad de la fauna marina, buscando siempre los mismos y que nos llevamos por delante un gran número de especies para conseguirlos: no parece sostenible ¿verdad?, ni si quiera parece inteligente si queremos seguir disfrutando de las delicias marinas.

El empuje de estos cocineros, junto con el de la mayoría del elenco nacional, no hacen sino constatar la creación de un ánimo colectivo fundamental para que la sociedad apueste por productos frescos y sostenibles, con artes de pesca respetuosas y una distribución comprometida con el producto.

Especial mención tendría la industria de la acuicultura, la cual ayuda a preservar la sostenibilidad de nuestros mares. Tenemos varios ejemplos patrios donde naturaleza y tecnología se unen para producir unos pescados de frescura incomparable, a demanda y con controles de calidad nunca visto en el género.

Pero es que, además en algunos casos, su producción pone en equilibrio una fauna autóctona en la zona: esteros en zonas de alto interés paisajísticos en el sur de Andalucía.

Otro ejemplo es mantener vivas las cuotas de captura de atún salvaje de almadraba en el Mediterráneo y sacrificar a demanda o instalaciones en el mismo océano Atlántico donde crían lubinas en condiciones excepcionales.

Todos estos ejemplos defienden un producto que además de ser sostenibles muestran una serie de beneficios difíciles de contrarrestar: control sanitario, homogeneidad del producto en cuanto a peso, calidad y composición nutritiva; pesca selectiva a demanda sin fluctuación de precios ni temporadas.

Pero quizás de todos estos beneficios comentados, lo que más nos preocupe sea el control sanitario de los pescados que nos vienen de forma salvaje de nuestros mares; porque, aunque si es cierto que hay ciertas infecciones o parásitos que siempre han existido, no es menos cierto que el estado de los océanos y la sobrecarga que le imponemos hacen que dichas enfermedades proliferen con más frecuencia. Veamos algunas de ellas y nuestras armas para contrarrestarlas:

En primer lugar, hablemos de la suciedad de los mares y de las sustancias que arrastra, todos tenemos imágenes de vertidos e islas flotantes de basuras que desprenden micro sustancias difíciles de detectar, pero no les quepa la menor duda que están ahí. Esas mismas sustancias que pasean por el ecosistema marino como mi agüita amarilla de *Los Toreros Muertos*, recuerdan la canción ¿verdad?, calidad y tibia…. y que cada vez es más difícil de asimilar por los océanos: veamos las más frecuentes que podemos encontrar en los pescados.

Basura plástica: A menudo los propios animales la confunden con comida, así que no es difícil encontrar restos de envases en los interiores del pescado. Además, tenemos que tener en cuenta que estos plásticos no se degradan, convirtiéndose en micro plásticos con el problema de salud que ello conlleva. Para nuestra compra del día a día, difícil de resolver; tan solo comprar pescados en establecimientos de confianza que nos den seguridad y tengan todas las etiquetas que garanticen su seguridad alimentaria.

Productos químicos: También fluctúan por el agua, provenientes de las actividades humanas, en algunas aguas más que en otras y dependiendo del producto, destruyendo en muchísimos casos la biodiversidad de estos mares. Para no encontrarnos este problema es importante pescar en caladeros lo más limpio posible; de ahí que sea muy importante la información de la etiqueta.

Metales pesados: quizás las sustancias más destacables, de ellos el que más preocupa es el Mercurio, pero también podemos encontrar, plomo, cobalto o arsénico…. Si, ya sé que se les está haciendo la boca agua como a mí. De ellos los pescados azules son los más propenso en acumularlos en sus carnes. Nuestra única arma contra ello es saber dónde se pescan los pescados que compramos, especificadas en las etiquetas y dosificar la ingesta de pescado azul; y por supuesto, la confianza en nuestro proveedor.

Parásitos: el más preocupante, aunque no el único es el temido anisakis y nos ataca en pescados que no han sido congelados o elaboraciones con grados de cocción inferior a 60°c. Puede producir grandes alteraciones en nuestro sistema digestivo así que no es cosa para tomárselo a broma: siendo bastante comunes encontrarlos en la merluza y el bacalao, así como en pescados azules como el boquerón, sardina, jurel o caballa. Tendremos pues especial precaución en elaboraciones como sushi, sashimis, boquerones en vinagre, ceviches o elaboraciones semi cocidas, ahumadas, marinadas o curadas. Nuestras armas contra el anisakis y el resto de parásitos en general son; confianza de nuestros proveedores que serían los primeros en avisar y la congelación-cocción:

Congelación: -20°C durante veinticuatro horas o en casa -8°C durante cuatro días.

Cocción: Temperaturas de 60°C o más durante diez minutos en el interior del pescado.

Con respecto a virus como el coronavirus no tiene incidencia en el pescado, si en su manipulación, así que tengan mucho cuidado.

RECETAS

LA SARDINA

¡Recuerdos veraniegos de todas las infancias! Para ir a comprarlas recordad; los meses sin erre…. Empieza su temporada más óptima en la zona del Mediterráneo durante la primavera y, en pleno verano y finales, en el Atlántico estarán en su punto óptimo de grasa, su característica más visible.

Desprende escamas de forma natural, incluso en grados de sumo frescor. Los sabores ácidos contrarrestan muy bien con sus grasas, así como la sal y la parrilla. Mientras más cocción, más persistente es su aroma; mientras menos cocción, más sutileza: probadlas en un simple marinado o maceradas, ¡veréis que sorpresa!!

LIMPIEZA Y CONSERVACIÓN

- Escamamos con los dedos suavemente o con un cuchillo de mesa de forma suave y sin apretar, de lo contrario podemos llevarnos parte de la carne.

- Para filetear, con un cuchillo fileteador hacer un corte suave (marcamos el corte) a los dos lados de donde acaba la cabeza, meter la hoja del chuchillo de forma cejada y vamos moviendo suavemente notando la espina de la sardina hasta llegar a la cola. Repetimos la operación con el otro lomo.

- Limpiar la suciedad de las entrañas con un papel y retirar las espinas centrales y de la ventresca.

- Es conveniente dejarlas reposar los lomos quince minutos en agua con hielo para desangrarlas bien: la piel, además, se quedará más firme (prolongamos el *rigor mortis*)

1. Sardina en escabeche de naranja con crema de ajo y pan frito

Una crema que suaviza la acidez, una acidez que contrarresta con las grasas del pescado haciéndolas más digeribles.

Escurrir bien los lomos y secar con papel de cocina; mezclar el resto de ingredientes, hacer una cama en la bandeja y extender los lomos de sardina en la sal, y cubrirlos con el resto. Dejar reposar quince minutos. Sacamos los lomos, escurrimos el exceso de sal, limpiamos con agua y secamos con papel. Poner sobre una bandeja semi honda con la carne boca abajo, reservar.

Cortar en dos las chalotas peladas y sacarles las capas; poner a cocer los zumos y escaldar en ellos las capas de chalota, sacamos y reservamos.

Cortamos la zanahoria con un pelador en tiras muy finas hasta tener unas veinte unidades. El resto lo dejamos para sofrito. Las tiras las dejamos en agua con hielo.

Cortar los rábanos en rodajas lo más finamente posibles con un cuchillo o mandolina; reservar en agua con hielo.

Con el aceite hacer un sofrito con el fuego muy suave con restos de la chalota y la zanahoria cortadas en modo groso. Añadir el tomillo, una pizca de sal, la pimienta en grano y el pimentón; antes de que se queme este, añadir los

PARA LAS SARDINAS
~ 12 lomos de sardinas limpias
~ 500 gr de sal marina
~ 100 gr de pimentón
~ 200 gr de azúcar
~ Una ramita de romero
~ Una ramita de tomillo

PARA EL ESCABECHE DE NARANJA
~ 100 gr de Aove variedad manzanilla
~ 20 gr de zumo de limón
~ 30 gr de zumo de naranja
~ 2 chalotas
~ 2 rábanos
~ 1 zanahoria
~ 1 punta de cuchara de pimentón dulce
~ 2 ramitas de tomillo
~ Sal
~ 2 granos pimienta
~ Unos gajos de naranja

PARA LA CREMA DE AJOS Y PAN FRITO
~ 1 cabeza de ajos
~ 2 rebanadas de pan
~ 50 gr de aove
~ 150 gr de nata
~ Sal y pimienta

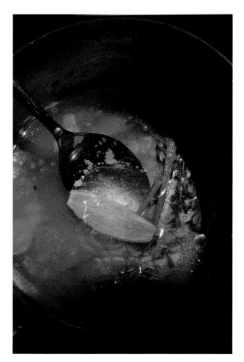

Elaboración   *Escabeche*

zumos, dales diez minutos suaves de cocción, colamos mientras vertemos sobre las sardinas; el calor residual terminará de cocerlas.

Pelamos los dientes de ajos y darles un hervor en agua de unos cinco minutos, escurrimos y rehogamos con el aceite y el pan, vamos sacando y escurriendo en papel todo lo que se vaya dorando. En un cazo hervir a fuego muy suave la nata con los ajos dorados y el pan frito, triturar, salpimentar y colar. Reservar calientes.

ACABADO

Extendemos en un plato llano una base de crema de ajos, pondremos en una bandeja en fila los lomos de sardinas, salseamos con el escabeche caliente y dejamos que se homogenicen, cuando estén tibias les añadimos la zanahoria, las chalotas y los gajos de naranja.

Las sardinas no deben quedar muy hechas, si nos gustan más cocidas exponerlas con más calor en el escabeche, pero recordad que el exceso de cocción hace que su carne quede pastosa.

El aceite de oliva debe ser afrutado para que maride mejor con los cítricos, pero dejamos la variedad al gusto del lector.

La receta admite un chorrito de vino blanco en el escabeche (el que más os guste) y un poco de caldo de pollo en la crema de ajo.

Otros pescados para este plato: cualquiera cortándolo con el mismo grosor, siendo interesantes los pescados grasos para el escabeche, la caballa, anchoas, jureles o chicharro para un resultado parecido.

2. Sardinas asadas a la sal con pimentada

Es cierto que las sardinas suelen dar mucho olor en las casas, esta receta resuelve el problema cociéndolas sobre sal; podrás comer este delicioso pescado sin problema de olores fuertes en casa.

En un bol mezclamos la sal con un poco de agua para humedecerla, poner la sal húmeda sobre una bandeja y meterla en el horno precalentado a 200° durante 10 minutos; sacar la bandeja y asegurarse que la sal está bien caliente y su superficie quede bien sólida, rápidamente para no perder calor disponemos las sardinas sobre ella, simplemente escamadas y enjuagadas en agua fría; siete minutos por un lado, después les damos la vuelta a todas las sardinas y las dejamos cinco minutos más (si son pequeñas podemos rebajar un par de minutos por cada lado).

PARA LAS SARDINAS:
~ 1 kg de sal gorda de mar
~ 800 gr de sardinas

PARA LA PIMENTADA:
~ 4 pimientos rojos de asar
~ Aove
~ Sal
~ 1 cebolla

Lavamos bien los pimientos en abundante agua fría, las ponemos sobre una bandeja de horno, le añadimos un chorrito de aceite y sal e introducimos en el horno a 180°C (horno precalentado), a los veinte minutos le damos la vuelta a los pimientos y dejamos veinte minutos más. Meter en caliente con todos los jugos de la bandeja en un *tuper* y lo cerramos para que sude. Una vez frío los pimientos, los pelamos y

Elaboración

cortamos en tiras, añadimos la cebolla en juliana y un poco más de aceite y sal si hiciera falta.

Disponer de las sardinas recién sacadas del horno con un poco de pimentada al lado. Si somos amantes de los aromas, podemos aromatizar la sal de cocción de las sardinas con alguna rama de tomillo, romero, ajo y pimienta negra molida al momento, lo mezclaríamos con la sal y el agua, antes de meterlo al horno.

   Otros pescados para este plato: pescados de ración, bailas, jureles, etc.

3. Sardinillas marinadas con mojo de tomates asados

Pan, sardinas, tomates…; la esencia mediterránea en un plato sencillo y con mucho sabor: y acepta más ingredientes si nos animamos, aceitunas, orégano, alcaparras, etc…

Sacar los lomos a las sardinas, meterlos en agua con hielo, y un 10% de sal; removemos bien. Metemos los lomos quince minutos en dicha disolución fría. Escurrimos e introducimos en otra disolución del doble de agua que de vinagre, lo dejaremos unos veinte minutos. Si lo queremos con más sabor a vinagre; rebajaremos la proporción de agua con respecto al vinagre, o bien podemos utilizar vinagres más potentes. Además, podemos dejarlos

Elaboración

más tiempo si lo estimamos oportuno, pero recuerda que a mayor contacto con el ácido mayor degradación de la carne del pescado.

En una bandeja de horno, extendemos los tomates lavados y la cabeza de ajo entera con la piel, un poco de aceite y sal. Horneamos en horno precalentado hasta que presionemos la cabeza de ajo y esta blanda. Tostamos también al

PARA LAS SARDINILLAS MARINADAS.
~ 1 kg de sardinillas pequeñas a ser posible.
~ 200 gr de vinagre suave
~ 400 gr de agua
~ Sal
~ Aove

PARA EL MOJO DE TOMATES:
~ 400 gr de tomates
~ 1 cabeza de ajo
~ 2 rebanadas de pan duro
~ 30 gr de avellanas
~ Una cucharada de carne de pimiento choricero
~ Sal
~ 50 gr Aove
~ 10 gr de vinagre.
~ Tostas de pan.

horno durante siete minutos el pan y las avellanas. Quitamos la piel al tomate, las pepitas y el exceso de agua, pelamos el ajo asado y trituramos todos los ingredientes expuestos junto con el pimiento choricero, y aliñamos, colar y reservar.

ACABADO

Poner sobre la tosta de pan una porción de mojo y dos lomos de sardinas con un poco de su aceite y cebollino.

Otros pescados para este plato: cualquiera cortándolo con grosor similar. Interesantes el boquerón y la caballa.

4. Boliñas de sardinas y miso

He de reconocer que en esta receta he recreado parte de mi infancia, sardinas y berlinas, aunque es un bocado salado que os puede resultar divertido y sabroso.

Los lomos limpios de sardina lo pasamos por una salmuera de agua con hielo y un 10% de sal marina disuelta durante quince minutos, escurrimos y secamos con papel de cocina; extender los lomos con delicadeza en una cacerola (que queden juntas), añadir el aceite y el miso, cocer diez minutos a 70°C con el horno precalentado.

Mezclamos con el resto de ingredientes, trituramos y pasamos por una estameña si hiciera falta, debe quedar bien fino. Guardamos en una manga pastelera.

PARA LA CREMA DE SARDINAS
~ 200 gr lomos de sardinas
~ 200 gr de aceite de girasol
~ 20 gr de miso
50 gr agua
~ 250 gr queso cremoso

PARA LA MASA DE LAS BERLINAS
~ 600 gr harina fuerte
~ 240 gr leche
~ 160 gr yemas de huevo
~ 70 gr azúcar
~ 18 gr sal
~ 150 gr mantequilla
~ 30 gr levadura

En el bombo de la amasadora, colocar la harina, el azúcar, las yemas amasar suavemente, disolver la levadura en la leche fría y añadir al amasado, añadir la sal. Cuando esté homogénea, añadir entonces la mantequilla en dados, seguir amasando hasta que la masa absorba la mantequilla; al principio se pegará a las paredes del bombo, hay que tener paciencia y seguir amasando, hasta que se vaya despegando de las paredes; la masa debe quedar muy elástica, si la estiramos no debe romperse y parecer una membrana.

Dejar reposar, estirada sobre una bandeja doce horas en frío.

Al día siguiente, sacar la masa y troccar piezas de 10 gr, bolca mos con las manos que no tenga grietas y se quede tensa. No manosearlas demasiado, recuerda que están hechas con mantequilla, con el calor de nuestras manos se pueden venir abajo.

Crema de sardinas

Cortar papel de cocción en cuadros y pintarlos con aceite de girasol, poner las bolas sobre el papel aceitado y en el horno apagado con una cacerola de agua bien caliente, los dejaremos fermentar a unos 28°C hasta que doblen su volumen.

Freír en aceite de girasol a unos 160°, introducirlos en el aceite con el papel. En cuanto se despeguen, sacar el papel con unas pinzas, con cuidado de no quemarnos, darle la vuelta a la bola, al final debe quedar una típica línea en medio, frontera delas frituras.

Escurrir en papel de absorbente. Reservar

SAL DE MISO

100gr pasta de miso.

Esta técnica utilizada por el maestro cocinero Nobu consiste en poner en una bandeja de horno con papel de cocción, la pasta de miso estirándola con una espátula para que quede homogénea y fina. Meter en horno a 70°C hasta que seque, desmoronamos con las manos como si fuera sal e introducimos en un tape bien cerrado para que no entre humedad. Es un buen sustituto de la sal.

ACABADO

Con una puntilla hacemos una pequeña incisión en la línea blanca de la berlina, introducimos la punta de la manga, y rellenamos. La crema se creará su espacio. Es importante que la crema no esté fría del todo, así estará más manejable.

Espolvoreamos la sal de miso y listas para comer.

Otros pescados para este plato: cualquiera que nos guste teniendo en cuenta su potencia de sabor con respecto a la sardina, probablemente tendrás que incrementar la cantidad de pescado con respecto al queso. Para un efecto parecido hacerlos con boquerones, salmón o la caballa.

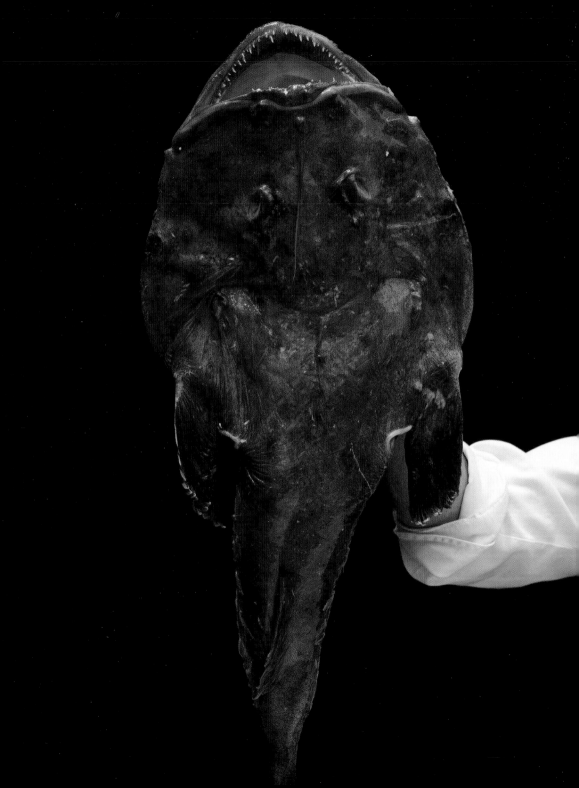

EL RAPE

Comprendo que les dé respeto, pero no se asusten: no es malo, es que lo crearon así, en su interior es buenísimo, o mejor dicho, está buenísimo.

Es un pescado blanco, bajo en grasa, y aunque hay diferentes tipos, los más comunes son el rape blanco y el negro, siendo este último más apreciado por calidad de sabor, firmeza y textura de la piel. Atención a su cabeza y espinas, excepcionales para caldos.

LIMPIEZA Y CONSERVACIÓN

La complejidad de su limpieza reside en su enorme cabeza y la piel. A diferencia de los demás peces, el rape no tiene escamas, ni casi espinas:

- Tendremos que hacer unos cortes en la piel debajo de la cabeza y tirar hacia la cola, lo que vulgarmente, llamamos desollar.

- Aun así, el rape viene provisto de un sinfín de finos pellejos superpuestos unos sobre otros. Haremos un corte con el cuchillo paralelo a la espina central, rozándola en todo momento para no dejar nada de carne del pescado, irá saliendo el lomo.

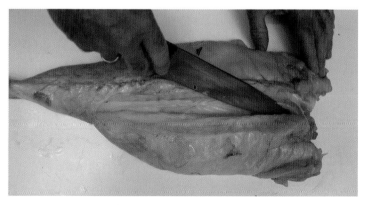

Limpieza. Sacar lomos

- Sigue suave hasta el final; dejando solo los pellejos del fondo, ahí doblaremos la hoja en diagonal despegando suavemente el lomo de todos lo pellejos que se quedarán con la espina.

- Repita la operación en el otro lomo. Deben quedar limpios y sin rastro de pellejos.

- Envolver en plástico con escurridor y nevera a 2 °C.

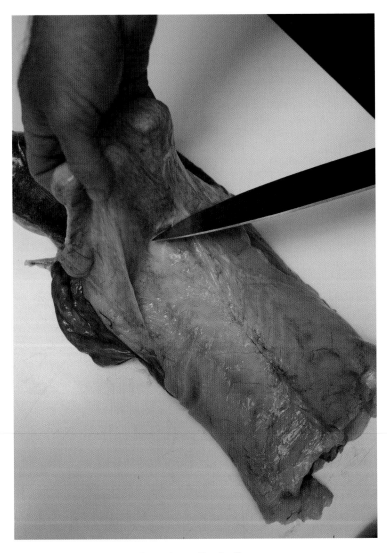

Limpieza. Deshollar

1. Rape en salpicón con gazpacho de garbanzos

Seguro que no habías pensado nunca en un gazpacho de legumbres, aunque las primeras sopas frías se hacían también con habas secas además de almendras. Es sano, nutritivo y una forma de comerlas en los momentos de más calor; te va a sorprender y combina muy bien con pescados aliñados en frío. Para esta receta podemos utilizar los restos de la limpieza, así como la cola, para reservar las partes más nobles para otros platos

Cocer las piezas de rape a fuego medio durante diez minutos, partiendo de agua hirviendo escurrir y meter en agua con hielo y sal, cortar en pequeñas rodajas y reservar.

Cortar todas las verduras en dados pequeños, el perejil lo más fino posible, mezclar todo en un bol y aliñar con la sal, el vinagre y el aceite, por ese orden.

Pelar la zanahoria y escaldar durante cuatro minutos, blanquear tres veces el ajo, trocear el resto de la verdura a groso modo y mezclarlo todo, dejándolos reposar dos horas con un poco de aceite, sal y una punta de cuchara de comino y pimentón dulce.

Lavar los garbanzos con agua de grifo y escurrirlos bien; mezclarlo con la elaboración anterior y meterlos en vaso americano

PARA EL SALPICÓN DE RAPE
~ 200 gr rape
~ 2 cebollas dulces
~ 1 pimiento rojo
~ 2 tomates enteros de ensalada
~ Perejil
~ Aceite de oliva Virgen Extra
~ Sal
~ Vinagre blanco de vino

PARA EL GAZPACHO
~ 1 bote de 500 gr de garbanzos cocidos
~ 2 zanahorias medianas
~ 3 dientes de ajo
~ Medio pimiento rojo
~ 1 tomate
~ Aceite de oliva Virgen Extra
~ Vinagre blanco de vino
~ Sal, pimentón dulce y comino.
~ 1 litro de agua

junto con el agua. Triturar hasta que quede bien fino, al final aliñamos al gusto con aceite, sal y vinagre; colar y enfriar.

ACABADO

Poner una base de salpicón sobre un plato sopero o semi sopero
de manera que se vean bien las piezas de pescado, añadir un chorrito de aceite de oliva y completamos con el gazpacho de garbanzos al gusto del comensal

Otros pescados para este plato: cualquiera que nos guste, ahora
bien, para tener los mismos resultados optar por pescados blancos;
bacalao, merluza, lenguado, acedías, corvinata, etc.

2. Rape alangostado con crema de aguacates y guisantes

El rape por sus características es un pescado que guarda ciertas similitudes con el marisco. ¿Por qué no aprovecharlos haciendo un plato frío? ideal para combinaciones con cremas grasas y frescas.

Poner el pimentón en papel aluminio y hacer un paquetito bien cerrado, tostar en una sartén para que el pimentón desprenda todo su aroma y mezclarlo con el aceite; embadurnar y masajear

Rulo de rape

RAPE ALANGOSTADO:
~ 1 lomo de Rape
~ 20 gr Pimentón dulce
~ Una pizca de Sal
~ Un chorrito de Aceite de oliva Virgen Extra

CREMA DE AGUACATES Y GUISANTES
~ 300 gr aguacate bien blandos
~ 300 gr de guisantes limpios
~ 300 gr de agua de cocer los guisantes
~ 1 diente de ajo escaldado tres veces
~ Bouquet de hierbas frescas: albahaca, eneldo, canónigos, estragón, 10 hojas de cada.
~ Zumo de un limón,
~ Sal
~ 60 cl de Aceite de oliva Virgen Extra suave, tipo arbequina

ENSALADA
~ 70 gr de canónigos
~ 20 gr Aceite de oliva Virgen Extra
~ 1 tomate seco
~ 5 gr vinagre de manzana.
~ Sal

con esta elaboración el lomo de rape, poner sal y enrollarlo en papel film bien fuerte atándolo por los lados: debe quedar tenso de lo contrario repetir la operación con el papel.

Ponemos en una cacerola a hervir a fuego suave durante diez minutos, si lo cocemos con el mismo caldo de rape mejor, aunque no es obligatorio. Una vez cocido metemos en agua con hielo para cortar la cocción durante otros diez minutos. Sacamos del frío, retiramos el papel cuando vayamos a utilizar, no antes.

Limpiar los guisantes de sus vainas y escaldar durante tres minutos en abundante agua hirviendo, sacar y enfriar en agua con hielo, en la misma agua, meter y sacar en cinco segundos todas las hierbas frescas, ayudándonos de un colador; enfriar con los guisantes. Reservar.

Blanquear tres veces el diente de ajo: partiendo de agua fría sacar el ajo cuando hierva el agua.

Limpiamos los aguacates e introducimos en el vaso americano junto con los guisantes, el ajo y las hiervas; vamos triturando y aliñando con el zumo, la sal y el aceite; el agua es orientativa, depende del aguacate y de la densidad que deseemos, así que haremos bien en dejarla para el final e ir incorporándola sobre la marcha según nos guste: debe quedar con la consistencia entre un salmorejo y un guacamole.

ACABADO

Ponemos una base de crema de aguacates y guisantes, a modo de cama, desfilmar el pescado y cortar en rodajas no muy finas y situar sobre el puré, añadir la ensalada ya aliñada.

Otros pescados para este plato: tendremos que ser un poco artistas para poder darle la misa forma; optaremos por pescados blancos con algo de cuerpo como la merluza, bacalao, corvinita.

3. Guiso de gurullos con rape y coliflor

Los gurullos son un tipo de pasta ancestral muy popular en nuestra costa sudoriental, concretamente Almería y zonas limítrofes. Se suele hacer con conejo o sepia, y acompañado con garbanzos y patatas. En este caso nuestra propuesta es con rape y coliflor: ¡pégate el gustazo de hacer tu propia pasta casera, solo te hace falta un poco de harina, agua y …tus manos!

Las cantidades son básicamente el doble de harina que, de agua, ahora bien, no siembre es así. En un bol, ponemos la harina y le añadimos una pizca de sal y un chorrito de aceite de oliva, la mitad del agua y empezamos a trabajar con una espátula, vamos añadiendo agua poco a poco hasta que quede una masa fácil de manejar que se despegue del bol, pero que contenga cierta humedad; sacar de bol y trabajar con las manos en una mesa. Cuando sea una masa compacta, lisa y flexible dejamos reposar una hora con un paño protegiéndola.

PARA LOS GURULLOS:
~ 200 gr harina de fuerza
~ 100 gr de agua
~ Sal
~ Aceite de oliva Virgen Extra

PARA EL GUISO:
~ 2 dientes de ajo
~ 1 tomate pasado
~ 1 pimiento seco
~ 1 pimiento verde
~ 1 cebolla
~ Sal
~ Aceite de oliva Virgen Extra
~ 1 litro de fumet rojo de rape
~ 300 gr de gurullos
~ 400 gr de rape en medallones
~ 1 hígado de rape
~ Vino blanco
~ 200 gr de coliflor

Estirar harina sobre una mesa limpia; poca, que parezca polvo. Hacer pequeñas porciones y trabajarlas con las palmas de las manos haciendo tiras que en Almería llaman forreas; sujetarlas con la mano izquierda y con la derecha pegar pequeños pellizcos en la masa con los dedos pulgar e índice y enrular con esos dedos en forma grano de arroz largo hasta expulsarlo a la mesa; es un trabajo que requiere práctica, pero una vez que le coges el ritmo no paras... y hasta relaja.

Elaboración del guiso

Elaboración de gurullos

Cuando tengamos hecho una cantidad importante de gurullos espolvorear un poco más de harina para que no se peguen y dejar secar en un sitio cálido y seco hasta que la pasta quede dura; entonces la guardamos en una bolsa de tela hasta su utilización.

En una cazuela antiadherente con aceite de oliva ponemos el fuego medio fuerte; marcamos los medallones de rape, con un poco de sal para que se doren por los dos lados, vuelta y vuelta bien dorados, aunque crudos en el interior; sacamos de la cazuela y reservamos en un plato. Añadimos el hígado troceado y rehogamos bien, en este caso debe quedar bien hecho. Lo mojamos con un poco de vino blanco al gusto y dejamos evaporar el alcohol, de paso desglasamos los jugos marinos y dejamos reducir un poco, volcamos todo en un bol y reservamos.

Cuando tengamos toda la verdura bien picada, en la misma cazuela, disponemos nuevo aceite, cuando empiece a estar caliente echamos el ajo, añadimos la cebolla, rápidamente para que no se queme, rehogamos a fuego medio bajo: dejamos que la cebolla se haga bien, si se pega un poco mojamos una pizca de vino blanco para despegar y recuperar jugos. Seguidamente incorporar el pimiento verde y la carne del pimiento seco previamente hidratada, seguimos rehogando diez minutos; añadir el tomate rallado: seguir rehogando otros diez minutos más, al menos, hasta quedar un sofrito bien compacto. Sacar de la cazuela y poner en vaso americano junto con el hígado y el jugo reservado, triturar bien.

Por otro lado, disponer de los arbolitos de coliflor y partiendo de agua hirviendo, darle dos minutos de cocción: enfriar en agua con hielo y reservar.

Disponemos el sofrito majado sobre la cazuela, añadimos el pescado y los gurullos y rehogamos suavemente, mojamos con medio litro de fumet y damos cocción suave, cuando empiece a hervir añadir los arbolitos de coliflor, escaldados y dejar cocer, vamos añadiendo caldo a demanda y rectificamos de sal. Importante cuidar la cocción para que se nos pase ni el pescado, ni la pasta ni la verdura. Cinco minutos

ACABADO

Disponer de forma natural en plato sopero, añadir un buen alioli si se quiere para ligarlo

Otros pescados para este plato: cualquiera que nos guste y que aguante bien las cocciones: corvina, mero, cherna.

4. Rape al curry en papillote

Un plato lleno de sabor hecho en el microondas, sencillo y limpio; ya que puedes comerlo en el mismo recipiente donde lo has cocinado. ¡No tienes ninguna excusa para no hacerlo!

Pochar la cebolla a fuego suave y con tapadera con idea de que no coja color, tostar un poco el curry, añadir a la cebolla junto con la pasta de cacahuete, a fuego suave para que desprenda grasas, acabando con el resto de los ingredientes, darle un hervor de cinco minutos a fuego suave, triturar y colar.

Una vez escaldadas las verduras tres minutos, partiendo de agua hirviendo, enfriamos y escurrimos bien y las metemos en vaso. Añadimos las piezas de pescado, previamente marcadas (ya sabe, vuelta y vuelta, doradas y semi crudas en el interior) de forma agradable y completamos con la salda de curry al gusto. Cerramos y sellamos con la tapa y cocemos al microondas durante cuatro minutos a máxima potencia.

SALSA DE CURRY:
~ 1 cebolla
~ Aceite de girasol
~ 100 gr leche de coco
~ 1 cucharada de pasta de cacahuete
~ 10 ml de aceite de sésamo
~ 70 ml salsa de soja
~ 5 gr de jengibre fresco rallado
~ 1 cucharada de curry.
~ 500 gr fumet rojo

PARA EL PAPILLOTE:
~ 500 gr de rape limpio y en rodajas de no más de 2 cm
~ 100 gr de judías verdes en tiras escaldadas
~ 100 gr zanahorias en juliana escaldadas
~ 200 gr de salsa de curry

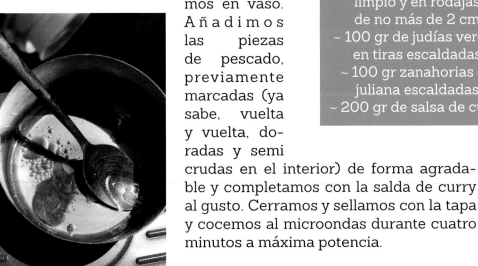

Elaboración salsa de curry

Sacar del microondas, dejar reposar cerrado unos tres minutos y abrir en la mesa delante del comensal, comer en el mismo vaso si gustan o servir en plato.

EL SALMÓN

Existe una gran variedad de salmones, con sabores de gran personalidad, rico en ácidos grasos omega 3; todo son beneficios y disfrute.
Ha subido su popularidad en los últimos años con su utilización en platos como el sushi y por la gran seguridad que desprende el saber que la gran mayoría de su producción es de acuicultura, salvaguardándonos del terrible anisakis.

LIMPIEZA Y CONSERVACIÓN

- Para la limpieza de salmón estiraremos sobre la mesa de trabajo un plástico inodoro, pondremos el pescado sobre el plástico.

- Cortaremos las aletas con unas tijeras.

- Dispondremos la cabeza cerca nuestra y escamaremos con un escamador contra las escamas por los dos lados, haciendo mucho hincapié en la barriga que estará blanda (el salmón debe venir eviscerado)

- Retiramos el plástico y pasar papel por la piel del salmón para retirar las escamas residuales.

- Para el corte disponer el salmón sobre una tabla de corte de forma perpendicular con la cabeza en nuestra derecha (si no eres zurdo).

- Si son tranchas cortar la cabeza y seguir el corte por la parte cortada, de, al menos, 1 cm.

- Para sacar los lomos, en la misma posición, haremos un corte suave debajo de la cabeza, pero sin corta espina.

- Agarrar la ventresca con la mano izquierda y con el cuchillo en el corte empezar a cortar suavemente con la hoja del cuchillo recta de forma paralela a la espina. Siga haciendo el mismo movimiento hasta llegar a la cola, verificando en todo momento la buena conducción del corte, y notando, la espina central con la parte inferior de la hoja del cuchillo.

- Repetir la operación con el otro lomo.
- Retirar la parte de la ventresca, con exceso de grasa, y las espinas exteriores.
- Con unas pinzas sacar, una a una, las espinas interiores.
- Con una cuchara repasaremos las espinas a la contra para retirar la carne residual del corte.

Limpieza del salmón

Sacar los lomos

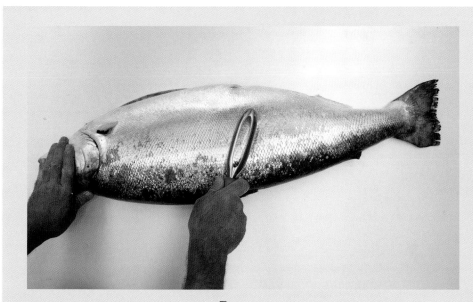

Escamar

Espinar el salmón

Limpiar los lomos de grasa

1. Ensalada de salmón marinado en frutas del bosque y pistachos

La acidez de las frutas del bosque suaviza las grasas del salmón, además en plato muy colorido y con gran aporte nutritivo. Las técnicas de maduración y marinado te pueden servir para múltiples aplicaciones, no tengas miedo de probarlas. Intenta siempre utilizar piezas de salmón homogéneas de grosor para que su curación sea perfecta.

Mezclar la sal, azúcar y pimentón, hacemos una cama, disponemos el pescado bien seco y enterramos con el resto; curar el lomo de salmón durante treinte minutos. Pasado este tiempo sacamos, enjuagamos levemente y secamos.

Triturar las frutas del bosque con el limón, colamos y marinamos con el salmón, al menos un día (si tenemos máquina de envasar al vacío aceleraría el proceso debido al proceso de osmosis).

Escaldamos las hojas de albahaca, es un proceso sencillo y conseguiremos parar la oxidación de las hojas y, por lo tanto, que nuestro pesto dure más tiempo fresco. Para ello quitamos los tallos de la albahaca, sumergimos cinco segundos en abundante agua hirviendo, enfriamos en agua con hielo seguidamente, escurrimos bien el exceso de agua y secamos presionando con papel absorbente. Triturar con el resto de ingredientes, colar y reservar. Debe quedar verde vivo.

PARA EL SALMÓN MARINADO CON FRUTAS DEL BOSQUE

~ 400 gr lomo de salmón limpio
~ 1/2 kg de sal
~ 250 gr azúcar
~ 125 gr pimentón dulce
~ 200 gr de frutas del bosque
~ 10 gr zumo de limón.
~ Pesto de pistacho
~ 1 manojo de albahaca
~ 50 gr pistacho
~ 50 gr parmesano
~ 200 gr aceite oliva virgen

PARA LA ENSALADA

~ 70 gr berros.
~ 10 gr de frutas del bosque
~ Aceite de oliva Virgen Extra
~ Limón
~ Sal
~ 20 gr de pistachos pelados.

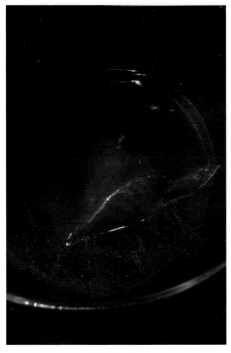

Marinada   *Ensalada*

ACABADO

Disponemos lonchas de salmón finamente cortadas, añadimos un bouquet de berros aliñados con aceite, limón y sal; complementamos con pistachos y frutas del bosque de forma natural y unas gotas, al gusto, de pesto. Podemos añadir también un poco de queso rallado.

Otros pescados para este plato: francamente es difícil hacerlo con otro pescado, al menos si buscamos el mismo resultado, quizás la trucha o algún túnido podría servir, pues estos últimos van muy bien con los frutos rojos.

2. Blanqueta de salmón con duxelle de champiñones

La blanqueta es un estofado claro de ternera donde los ingredientes van prácticamente cocidos En esta receta cogemos el concepto y los adaptamos a la personalidad del salmón. Para el jugo utilizaremos caldo de pescado y una roux (mantequilla y harina).

Hacer una roux con la mantequilla y la harina; disolvemos la mantequilla en una cacerola a fuego medio y añadimos la harina, trabajamos con una varilla hasta que nos quede una pasta amarillenta, seguimos cociéndola, al menos un minuto, para que la harina no quede cruda. Seguidamente vamos añadiendo el caldo de pescado (técnicamente a esta elaboración se le llama *velouté* de pescado) y seguimos trabajando con la varilla, espesará en la medida que hierva la elaboración, salpimentamos y añadimos nuez moscada. Agregamos la nata hervida y dejamos a fuego suave durante cinco minutos sin parar de trabajar con la varilla. Reservamos.

PARA LA BLANQUETA:
~ 1 cucharada de harina
~ 2 cucharadas de mantequilla
~ 200 gr Caldo de pescado
~ 50 gr nata
~ Sal, pimienta picada y nuez moscada

PARA EL SALMÓN
~ 400 gr lomo de salmón limpio
~ 1/2 kg de sal
~ 250 gr azúcar
~ 125 gr pimentón dulce

PARA LA DUXELLE DE CHAMPIÑONES
~ 75 gr Champiñones
~ Media cebolla
~ 50 gr vino blanco
~ Sal y pimienta
~ 75 gr nata

Mezclar la sal, azúcar y pimentón, hacemos una cama disponemos el pescado bien seco y enterramos con el resto; curar el lomo de salmón durante diez minutos, sacar, lavar y secar, cortamos en dados de 1 cm. Reservamos.

Limpiar, picar lo más finamente posible (importante no mojar, si es necesario pasar un paño húmedo) y ponemos a secar en el horno a 70°C durante cuatro horas. (sirve también ponerlos cuando hemos utilizado el horno y lo hemos apagado, ese calor residual

Curación del salmón   *Elaboración de la blanqueta*

los hidrata muy bien). Mientras picamos las cebollas y rehogamos con aceite a fuego lento. Una vez bien pochada la cebolla subimos el fuego y añadimos el vino blanco, dejamos reducir y añadimos los champiñones deshidratados, incorporamos la nata y y dejamos reducir a fuego suave, hasta conseguir textura de pasta.

ACABADO

Disponer el estofado en un plato sopero dispersando los tacos de salmón de forma agradable, poner en el centro una base de *duxelle* de champiñones y desplegar unas *crudites* de zanahorias peladas y cortadas en tiras finas con el pelador.

Otros pescados para este plato: Cualquiera que nos guste, ahora bien, buscar un pescado compacto que aguante bien la cocción: corvina, rape, bonito o atún; mejor sin marinarlo antes.

3. Espárragos trigueros a la plancha con tártara de salmón

Aperitivo o entrante, ideal para compartir, haremos bien en utilizar restos de limpieza de salmón, incluso piezas sobrantes del marinado. En este caso el sabor del pescado potenciará una salsa clásica variante de la mayonesa que podremos utilizar para múltiples elaboraciones.

Picar todos los ingredientes lo más fino posible e integrarlos en la mayonesa y mostaza. reservar

Para limpiar los espárragos cogeremos uno a uno por los bordes y los presionaremos arqueándolos hasta que se rompan, nos quedaremos con el tallo de arriba, desechando la parte inferior y dura. Repetir la operación con todos los espárragos. Seguidamente con la punta de un cuchillo pintilla vamos pelando las hojitas del tallo hasta dejar la punta intacta.

PARA LA TÁRTARA DE SALMÓN
~ 100 gr mayonesa base
~ 10 gr de pepinillos
~ 10 gr de alcaparras
~ 30 gr de huevo cocido
~ 15 gr de cebolla
~ 10 ramitas de cebollino fresco
~ 8 gr de mostaza antigua
~ 100 gr de salmón marinado
~ 10 ramitas de eneldo fresco

PARA LOS ESPÁRRAGOS TRIGUEROS
~ 1 manojo de espárragos
~ Sal y Aove

En una sartén antiadherente poner a fuego vivo con un poco de aceite y vamos rehogando los tallos, previamente escaldados 5 minutos en agua hirviendo (importante escurrirlos bien). Una vez acaben bien dorados escurrir el exceso de aceite.

ACABADO

Disponer en un plato llano las piezas de espárragos con un bol de salsa para dipear.

Otros pescados para este plato: cualquiera que nos guste, ahora bien, para tener buenos resultados optar por cocerlo antes; bacalao, merluza, lenguado, acedías, corvinata, etc.

4. Taco de salmón con pastel de patatas gratinado con holandesa

Pelar la patata y meterla en agua, escurrir y cortar en rodajas lo más finamente posible. Vamos disponiendo las rodajas sobre un molde engrasado con mantequilla; cada capa de patatas engrasamos con mantequilla, vamos poniendo capas salpimentando de vez en cuando y presionando, de vez en cuando, para que quede homogéneo. Una vez acabado tapamos con papel de horno y papel aluminio y horneamos dos horas a 150°C. pinchar y asegurarse que la patata esté cocida, enfriar en nevera con peso para presionar (1 brick de leche, por ejemplo). Reservar. Una vez frío corta en tacos similares a los tacos de salmón de dos cm de ancho.

PARA EL PASTEL DE PATATAS:
~ 1 kg de patatas
~ 75 gr mantequilla
~ Sal y pimienta

PARA LA HOLANDESA
~ 25 gr de chalotas
~ 5 granos de pimienta negra machacada
~ 3 yemas de huevo
~ Pizca de sal
~ Zumo de 1 limón
~ 300 gr de mantequilla

PARA EL SALMÓN
~ 4 tacos de salmón de 2 cm x 2 cm de ancho.
~ Sal y Aove

Elaboración

Clarificar la mantequilla, calentándola a fuego muy suave y dejando que repose su suero; utilizaremos la parte líquida y amarillenta, la parta blanca es la proteína y la desechamos. Colocar las yemas con la sal, pimienta y el zumo en un cazo que pondremos al baño María, batir sin que hierva, hasta que espese. Retiramos a un lugar tibio y vamos incorporando poco a poco la mantequilla clarificada templada. Utilizar esta salsa para ese momento.

En dos sartenes antiadherentes poner un poco de aceite y a fuego medio vamos dorando el salmón en una y los tacos de patatas en otra, dándoles la vuelta para que el dorado sea homogéneo por todas las paredes, salpimentado a demanda; debemos asegurarnos que el pescado esté hecho en su interior y la patata este caliente en el centro. Si vemos que esto no ocurre y ya están lo suficientemente dorados, los terminamos al horno a 180°C precalentado durante cinco minutos.

Disponer un taco de cada uno con las mismas medidas en plato llano y salsear encima con la holandesa: le aplicamos llama con un soplete para gratinar y servir al momento.

Otros pescados para este plato: cualquiera que nos guste, aunque tendríamos que poner la terrina de patata al mismo grosor que el pescado elegido, aunque solo sea por estética; bacalao, merluza, lenguado, acedías, corvina, etc.

EL RODABALLO

Pez plano. Cuerpo casi circular. Ojos en el lado izquierdo del cuerpo. Boca grande. Coloración muy variable en la cara superior, rugosa con tonos pardos y/o verdosos cubiertos de multitud de manchas de distinto tamaño claras y oscuras, blanco manchado por el lado inferior. Rico en gelatina, su carne responde muy bien a cocciones suaves; no tienes escamas y la piel resulta muy sabrosa si se deja crujiente; es uno de los reyes de la alta cocina; por algo será...

LIMPIEZA Y CONSERVACIÓN

Mantener entero lo máximo posible, sin escamar dado que no tiene escamas. Tiene, sin embargo, su mucus propio (proteína) que lo protege y que conviene no retirar hasta su cocción. Mantener con hielo protegido con un paño, sobre escurridor y en nevera.

- Cortar las aletas dorsales
- Pasar la punta del cuchillo por la columna central, haciendo una escisión, de esta forma marcaremos por donde debemos seguir cortando el filete; hacemos la misma operación alrededor de la cabeza. Luego procedemos a ir sacando el filete con la punta del cuchillo haciendo cortes limpios sobre la espina (debemos oír el roce de la punta del cuchillo sobre la espina)
- Otro tipo de corte son las tranchas, donde englobamos dos lomos del pescado con espina en medio, si es una pieza grande es preferible hacerlo con cuchillo de sierra ya que la resistencia de la espina puede aplastar la carne.

1. Lomo de rodaballo en dos cocciones con mazamorra y tomate-vainilla

Con esta técnica de doble cocción le extraeremos todo el sabor de forma muy fácil y conseguiremos que no se nos quede seco, además le acompañamos con tomate muy aromático y una crema fría tradicional cordobesa, a modo de salsa.

Escaldar los tomates y pelar; cortamos en dos. Poner el tomate a marinar con el azúcar, el limón y la sal, luego secar durante una hora a 100°C. Meter con el aceite y la vainilla a 80°C, una hora más y enfriar.

Dejar todos los ingredientes en bol durante la mañana en la nevera. Triturar dejando para el final el vinagre, la sal y, sobre todo, el aceite a chorro fino para una buena emulsión, colar y enfriar.

Rodaballo en dos cocciones: En una sartén antiadherente, dorar el pescado por la parte de la piel con un poco de sal. Una vez hecho por esa parte sacar a un plato con cuidado. Desechar la grasa restante de la sartén y añadir el caldo de pescado, sazonar con sal y darle calor. Cuando empiece a hervir poner las piezas de rodaballo sobre el caldo por la parte cruda, con cuidado de que no inunde la piel, de lo contrario

CREMA FRÍA TRADICIONAL CORDOBESA
~ Tomate confitado de vainilla
~ 300 gr de tomates sherry
~ Una pizca de azúcar
~ 8 gr zumo de limón
~ Media ramas de vainilla abierta y rascada
~ 100 gr aceite de oliva Virgen Extra
~ Una pizca de sal

MAZAMORRA
~ 25 gr Ajo blanqueado tres veces
~ 100 gr Aceite de oliva virgen extra
~ 50 gr Vinagre de manzana
~ 200 gr Almendra pelada
~ 400 cl Agua
~ Una punta de pan planco si se quiere

RODABALLO EN DOS COCCIONES
~ 4 lomos de rodaballo
~ Una pizca de Aove
~ Sal
~ 100 gr de fumet neutro

perderemos su delicioso crujiente, sacar la sartén del fuego y dejarlo que cueza con el calor residual.

ACABADO

Poner unas puntas de mazamorra con los tomates confitados y atemperados, añadir la pieza de pescado escurrido de caldo con la piel hacia arriba.

Otros pescados para este plato: Realmente es un plato que podemos hacer con cualquier pescado de ración o con lomos cortados con piel; lubina, dorada, corvina, etc.

2. Rodaballo con gambas al ajillo

Las gambas al ajillo es un clásico con su truco, utilizar las cabezas para intensifica el sabor, si además le añadimos el rodaballo; el sabor y la untuosidad lo hace sublime. Es un plato exprés; que no necesita mucha dedicación.

PARA EL RODABALLO
~ 2 lomos de rodaballo
~ 100 gr Aove
~ 2 dientes de ajo
~ Zumo de un limón
~ 100 gr de gambas frescas
~ 1 guindilla
~ Perejil
~ Sal

Búscate un buen pan, ¡sin duda vas a mojar!

Antes que nada, pelamos las gambas reservando las cabezas para la elaboración. Salpimentamos el rodaballo y doramos por la parte de la piel en una sartén antiadherente con un poco de aceite a fuego vivo, cuando este bien dorado, reservamos en un plato.

En la misma sartén, desechamos el aceite utilizado y pasamos un papel con cuidado de no quemarnos; echamos el resto del aceite y el ajo laminado lo más finamente posible. Haríamos bien en poner el ajo sobre el aceite en temperatura no muy caliente, ya que el ajo sin piel se chamusca con facilidad. Incorporamos la guindilla y en cuanto vislumbremos el dorado del ajo añadimos las gambas sazonadas; mezclamos bien y mojamos con el zumo de limón; bajamos el fuego (cuidado con el choc térmico al sumar el cítrico, puede ser explosivo) vamos meneando la sartén mientras incorporamos los lomos de rodaballo con la piel hacia arriba; es el momento de apretar las cabezas y añadir el interior en la elaboración, sin dejar de mover para emulsionar los ingredientes, dale un par de minutos y listo.

Otros pescados para este plato: Realmente es un plato que podemos hacer con cualquier pescado de ración o con lomos cortados con piel; lubina, dorada, corvina, salmonete, etc.

3. Arroz cremoso de rodaballo y azafrán (ligado con su gelatina)

Es interesante para esta receta que el lomo del pescado mantenga las hebritas que tienen en su límite y que se desechan muchas veces erróneamente, ya que contienen gran cantidad de gelatina que nos aportarán mucha melosidad al guiso. Por otro lado, hay que ser muy comedido con el calor ya que, en exceso, perderemos dicha gelatina.

Hacer un sofrito a fuego muy suave en la cacerola con el puerro lo más finamente posible; moviéndolo continuamente, añadir el arroz y rehogar suavemente hasta que el arroz se haya impregnado del sofrito, mojamos seguidamente con el vino blanco, y vaporizamos hasta dejar de oler a alcohol, es el momento de ir añadiendo el caldo de pescado; bien caliente, movemos mientras vamos incorporando el caldo poco a poco, soltando el almidón que contiene y haciéndolo cremoso. Sin parar la cocción sigue con la operación, al menos diez minutos. Al llegar a este punto, el arroz estará todavía duro pero ya se asemejará a lo que buscamos. Añadimos las setas previamente salteadas aparte con un poco de aceite y sal, seguimos moviendo e incorporando fumet caliente, podemos empezar a sazonar mientras probamos y le añadimos las hebras de azafrán (prueba a tostarlas antes, intensificarán su sabor), a los quince minutos el arroz esta casi acabado, añadimos el queso cremoso y la mantequilla y lo trabajamos para que se emulsionen en el guiso, le ponemos los lomos cortados en tiras gordas con la piel marcada hacia arriba, y meneamos con movimientos suaves para no enterrar el pescado en el arroz, debemos cocerlo en la superficie de este.

PARA EL ARROZ
~ 300 gr arroz
~ 200 gr lomos rodaballo limpio.
~ 50 cl vino blanco
~ Un chorrito de Aove
~ Una cucharadita de mantequilla
~ 1 puerro
~ 100 gr setas cantarelas
~ Unas hebras de azafrán
~ 1 litro de caldo de rodaballo (fumet neutro)
~ 50 gr parmesano rallado
~ 50 gr de queso cremoso
~ Sal
~ Pimienta negra

Añadir un poco de parmesano al momento y la pimienta recién molida.

ACABADO

Poner el arroz en el centro de un plato sopero, siempre en el centro, y que el mismo guiso vaya ocupando el resto del plato, poner setas y coronar con el pescado; rallamos un poco de queso y algún brote que le dé frescor

Otros pescados para este plato: buscar pescados ricos en gelatina: raya, bacalao, cogote o cocochas de merluza

4. Trancha de rodaballo en papillote con mejillones

Esta receta es un homenaje a la cocina clásica, con la técnica del papillote haremos que se entrecrucen los sabores y que las cocciones no se pasen, en especial la de nuestro rodaballo. ¡Pruébalo! Es muy fácil y cómodo de hacer y te dará muchas alegrías.

PARA EL RODABALLO EN PAPILLOTE

~ 4 tranchas de rodaballo
~ Medio puerro
~ Media zanahoria
~ Sal
~ Pimienta
~ Aove
~ Una pizca de vino blanco
~ 1 kg de mejillones
~ 2 granos pimienta negra

Cortar el puerro en tiras finas, la zanahoria con un pelador de patatas, reservar. Limpiar los mejillones de los pelillos, introducir en una olla con el vino blanco y los granos de pimienta; cerramos y dejamos hervir para que se abran en su propio vapor; sacar en cuanto abra, no nos interesa que cuezan demasiado. Reservar el caldo bien colado y el mejillón sin cáscara.

En papel cocina poner las tranchas de pescado sazonadas con las verduras y los mejillones encima; verter un poco de su caldo y cerrar bien el papel: asegurémonos que no hay salida ya que el pescado se cocerá con su propio vapor.

Precalentar el horno a 200°C, meter la bandeja con el pescado en papillote y dejar cocer al menos quince minutos, si hemos metido varias piezas prolóngalo a veinte minutos ya que la cantidad siempre va a enfriar algo más el horno. El vapor de la cocción hará que el papel se infle; esa será una buena pista que revelará cuando está hecho.

ACABADO

El papillote es una buena técnica para emplatar delante de los comensales y disfruten de la explosión de aromas que desprende al abrir el papel; sacamos las piezas con mucho cuidado y ponemos con la guarnición y todo su jugo.

Otros pescados para este plato: Realmente es un plato que podemos hacer con cualquier pescado de ración o porcionado.

LA LUBINA

Este lobo marino, que etimológicamente es de donde le viene el nombre, es un voraz depredador de exquisiteces. Es uno de los pescados de moda, por distintas razones; su forma, su carne, o también a sus grasas acumuladas bajo la ventresca. Sea como fuere, la acuicultura natural está lanzando un producto de gran categoría. Las salvajes las tenemos más cerquita de la costa en los meses de calor.

LIMPIEZA Y CONSERVACIÓN.

- Para la limpieza de la lubina estiraremos sobre la mesa de trabajo un plástico inodoro, pondremos el pescado sobre el plástico.

- Cortaremos las aletas con unas tijeras.

- Dispondremos la cabeza cerca nuestra y escamaremos con un escamador contra las escamas por los dos lados, haciendo mucho hincapié en la barriga.

- Retiramos el plástico y pasamos papel por la piel de la lubina para retirar las escamas residuales.

- Para el corte disponer la lubina sobre una tabla de corte de forma perpendicular con la cabeza en nuestra izquierda (si no eres zurdo).

- Para sacar los lomos, en la misma posición, haremos un corte suave debajo de la cabeza, pero sin corta espina.

- Marcaremos con la punta de cuchillo la carne que se une con la zona dorsal, tocando siempre con la punta las espinas iremos sacando el lomo hasta acabar por la zona pectoral y la cola

- Repetir la operación con el otro lomo.

- Retirar de la ventresca las espinas exteriores.

- Con unas pinzas sacar, una a una, las espinas interiores.
- Porcionar según platos.
- Si se va a utilizar en el día, guardar filmado lomo con lomo; por la parte de la carne y la piel hacia fuera.
- Para congelar, envolver en papel de horno y, seguidamente, en papel film y congelar. (si tenemos posibilidad de envasar al vacío mejor)

Escamar

Cortar las aletas

Destripar

Grasa de la lubina

Sacar los lomos de la lubina

1. Lubina, consomé rojo y caviar de berenjenas

Un buen consomé siempre ha sido una elaboración bastante tediosa para los cocineros, ya que queremos que quede bien clarificado. En este caso la soja nos ayudará a ello y además le dará un toque muy agradable a la berenjena y el sésamo.

Lavar y cortar los pimientos en rodajas y tostar en una sartén antiadherente sin grasa ni sal, al límite, muy, muy, tostado sin llegar a quemarlos. Reservar.

Pelar y cortar en rodajas la cebolla y tostar en una sartén antiadherente sin grasa ni sal, al límite, muy, muy tostado sin llegar a quemar. Reservar.

Cortar el resto de verduras, el puerro y la zanahoria, y meter en una cacerola junto a las hortalizas tostadas, el agua y la soja; lo dejaremos seis horas hirviendo a fuego muy suave. Colar y reservar en frío.

Escalibamos las berenjenas y la cebolla pinchándolas con un cuchillo poniendo sal y aceite de oliva a 180°C cuarenta minutos. Las pelamos y las ponemos a escurrir, que pierdan toda el agua.

Picamos la cebolla bien pequeña y la confitamos treinta minutos a fuego súper lento con aceite de oliva. Cuando estén lo dejamos escurrir.

Picaremos la berenjena y la aliñamos con la cebolla, su aceite, la sal, soja y sésamo negro. Mantener a temperatura ambiente.

PARA EL CONSOMÉ ROJO
~ 2 pimientos rojos
~ 2 cebollas
~ 1 puerro
~ 1 zanahoria
~ 5 litros de agua
~ Medio litro de salsa soja

PARA EL CAVIAR DE BERENJENAS
~ 2 berenjenas
~ Aceite de oliva de 0´4°
~ Sal
~ Media cebolla
~ 40 gr de salsa de soja
~ 45 gr sésamo negro

LA LUBINA
~ 4 lomos de lubina de 120 gr
~ Fumet neutro de lubina
~ Sal

Llenamos de fumet por la mitad una sartén antiadherente honda, salamos al gusto e introducimos las piezas de pescado, lo dejamos cocer a fuego medio bajo que cueza suavemente, de siete a diez minutos dependiendo del grosor del pescado. Emplatar al momento.

ACABADO

En un plato sopero poner una porción de caviar a temperatura ambiente, sobre ella añadir la porción de pescado recién hecho y terminar con el consomé recién hervido. Añadir dos gotitas de aceite de sésamo.

Otros pescados para este plato: Lo podemos hacer con cualquier pescado que podamos porcionar la parte del lomo.

2. Sashimi de lubina con harissa suave y perlas de limón

Aunque es un plato de marcada tradición japonesa, como denota el nombre *sashimi*, le vamos a dar un notable toque mediterráneo, con el uso del limón y la salsa norteafricana, si bien suavizándola sobremanera, ya que añadiremos pimiento dulce y tomate asado, además de unas hojas de cilantro para refrescarlo.

Meter en el horno las verduras con un poco de aceite y sal y cocer durante treinta minutos a 180°C, dejar sudar el pimiento. Escurrir y pelar el tomate, sacarles las pepitas. Pelar el ajo y mezclar con el tomate, pelar el pimiento escurrirlo y despepitar, hacer un majado con el cilantro con un poco de zumo de limón y aceite, añadimos las verduras asadas y seguimos trabajando hasta que la hierba se diluya en la elaboración, le vamos añadiendo las especias mientras trabajamos; probamos y rectificamos su punto de sal y acidez al gusto. Reservamos.

PARA LA HARISSA
~ 200 gr tomate pera
~ 3 dientes de ajo asado
~ 1 punta de cuchara de curry rojo
~ 1 punta de cuchara de comino molido
~ 1 pimiento rojo asado
~ 1 punta de chuchara de cayena molida
~ Zumo de medio limón
~ 10 hojas de cilantro fresco
~ 50 gr de Aove variedad picual lo más fresco posible
~ Una pizca de sal

PARA LA LUBINA.
~ Dos lomos de lubina limpios sin espinas.
~ Sal
~ Un chorrito de Aove variedad arbequina
~ 2 gajos de limón

ACABADO

Colocar el lomo de lubina de forma cómoda para quitarle las espinas centrales del lomo, cortándolo en dos piezas. Agarramos la parte de la cola y con el cuchillo cejado vamos separando la piel con cuidado de no llevarnos carne.

Costar con el lomo limpio láminas de finas que vamos superponiendo en el plato, sacamos piezas cortadas muy finas de limón y ponemos una en cada lámina, sal y un poco de aceite con una brocha. Ponemos un cuenco con *harissa* para mojar el lomo.

Otros pescados para este plato: Podemos hacerlo con cualquier pescado, aunque en algunos grasos como la sardina, chicharro o la caballa es preferible curarlos un poco para suavizarlo. Véase recetas de la sardina.

3. Lubina confitada en su grasa con pistou provenzal de tomate

Para cocer la lubina utilizaremos su propia grasa a modo en una cocción muy suave con hierbas aromáticas y con una guarnición que nos hará viajar al sur de Francia; haremos una sopa de pistou fría ligada con un buen majado de tomates.

Escaldar el tomate pera y pelar; escurrir el exceso de agua estrujándolo un poco y mezclar con el resto de ingredientes; triturar en vaso americano hasta que quede fina, sin grumos. Reservar.

Mezclar las judías con las verduras bien picadas, aceite y pesto de tomate al gusto; salpimentar y reservar.

Diluir el aceite con la grasa de la lubina y todos los elementos aromáticos, la grasa del pescado se diluirá rápidamente en cuanto note calor; lo pondremos a unos 60 °C y meteremos los lomos de lubina con un poco de sal hasta que estén hechos (dependiendo del grosor del pescado no más de doce minutos) podemos ayudarnos de una cuchara e ir mojando el pescado con el elemento graso para homogeneizar la cocción.

Podemos hacerlo también al horno precalentándolo a 100°C. y poniendo todos los elementos en una bandeja que cubra bien el pescado. Aunque para los

PARA EL PESTO DE TOMATES
~ 1 tomate pera
~ 1 tomate seco
~ 60 gr de piñones
~ 70 gr queso parmesano rallado
~ 100 gr Aove variedad picual fresco
~ 4 hojas de albahaca fresca
~ Sal y Pimienta

PARA EL PISTOU
~ 100gr de judías blancas cocidas
~ 50gr de cebolla
~ 50gr de pulpa berenjena asada
~ Pesto de tomates al gusto
~ Un chorrito de Aove variedad picual fresco
~ Sal
~ Pimienta recién molida
~ Albahaca fresca

PARA LA LUBINA
~ 2 lomos de lubina cortadas por la mitad
~ Grasa del mismo pescado
~ 20gr de AOVE variedad manzanilla
~ 2 ramitas de tomillo fresco
~ 1 diente de ajo
~ Dos granos de pimienta
~ Sal fina

más avanzados lo mejor es envasar al vacío todos los elementos junto con el pescado; cocer a 60°C durante diez minutos.

Poner una ración de *pistou* en el centro del plato semi sopero, coronar con la pieza de pescado recién hecha; espolvoreamos una pizca de albahaca fresca recién picada.

Otros pescados para este plato: Realmente es un plato muy hecho para la lubina, si no es así, podemos cambiarlo por pescados poco grasos combinados con aceite de oliva como el bacalao por ejemplo.

4. Lubina al vapor con crema maíz y judías fermentadas en mostaza

La cocción al vapor se caracteriza por ser una técnica muy suave con el género; irá muy en sintonía con el resto del plato ya que haremos una fermentación casera con las judías y una crema de maíz cocido donde persistirán los sabores ácidos.

Picar las judías en tiras finas, enjuagarlas bien y secarlas. En un bol integrar el resto de ingredientes la sal mostazas y el pepinillo, lo mezclamos bien y maceramos las judías con esta elaboración.

Lo metemos en un bote (limpio y esterilizado) hermético con cierre de plástico que selle bien (de lo contrario de pudrirá) y dejamos, al menos, veinte días a temperatura ambiente, sin abrir. Si es posible en un espacio sin luz solar.

La elaboración estará bien hecha si al abrir la tapa hace el ruido característico de haberse quedado sin oxígeno, señal de que la fermentación ha dado buen resultado; y por supuesto si desprende aromas ácidos naturales. Pasar, una vez abierto, a nevera.

Mezclar todos los ingredientes sólidos triturar bien mientras vamos añadiendo el agua, añadimos el vinagre, la sal y el aceite al final; a chorro fino. Reservamos en frío.

PARA LAS JUDÍAS VERDES FERMENTADAS
~ 500 gr de judías
~ Una pizca de sal
~ 1 cucharada de mostaza de Dijon
~ 1 cucharada de mostaza antigua
~ 5 pepinillos bien picados

PARA LA CREMA DE MAÍZ
~ 200 gr de maíz cocido
~ 500gr agua
~ Una pizca de sal
~ 2 diente de ajo blanqueados
~ 40 gr de vinagre de sidra
~ 100 gr Aceite de oliva Virgen Extra

PARA LA LUBINA
~ 4 lomos de lubina de 120 gr
~ 1 pizca de sal
~ Un chorrito de vino blanco
~ Media ralladura de limón

En una cacerola con cestillo para el vapor, llenamos un cuarto de la misma de agua, con el vino y el limón, tapar y darle calor a fuego medio alto; mientras, ponemos los lomos en el cestillo de la vaporera, añadirle sal e introducir en la cacerola con cuidado que no toque agua, tapar rápidamente para no perder calor, dejamos cocer, a los cuatro minutos ponerlo a fuego medio y a los once minutos verificar si está hecho, si no, dejar dos minutos más con tapa cerrada (muy importante y sin salidas, de lo contrario no hará efecto el vapor).

ACABADO

Ponemos en un plato semi sopero una base de crema de maíz, añadimos el lomo de lubina y terminamos con judías fermentadas al gusto.

Otros pescados para este plato: Realmente el vapor es una técnica que combina muy bien con pescados blancos bajos en grasa y que no tenga la carne demasiado tersa.

Fermento

LA CORVINA

Pescado blanco, sobre todo las de menor tamaño, corvinata, de gran tradición en nuestro litoral puede llegar a tener grandes dimensiones; de ahí su tradicional versatilidad; pescado clásico del ceviche o de trancha a la plancha, aguanta bien las cocciones. Podemos decir que es un pescado que nos sirve para todo; la variedad más apreciada es la blanca.

LIMPIEZA Y CONSERVACIÓN

- Para la limpieza estiraremos sobre la mesa de trabajo un plástico inodoro, pondremos el pescado sobre el plástico.

- Cortaremos las aletas con unas tijeras.

- Dispondremos la cabeza cerca nuestra y escamaremos con un escamador contra las escamas por los dos lados, haciendo mucho hincapié en la barriga. Cuando es de gran calibre, sus escamas pueden llegar a ser bastante duras y de buen tamaño.

- Retiramos el plástico y pasar papel por la piel de la lubina para retirar las escamas residuales.

- Para el corte disponer la corvina sobre una tabla de corte de forma perpendicular con la cabeza en nuestra derecha (si no eres zurdo).

- Para sacar los lomos, en la misma posición, haremos un corte suave debajo de la cabeza, pero sin corta espina.

- Marcaremos con la punta de cuchillo la carne que se une con la zona dorsal, tocando siempre con la punta las espinas iremos sacando el lomo hasta acabar por la zona pectoral y la cola.

- Repetir la operación con el otro lomo.

- Retirar de la ventresca las espinas exteriores.

- Con unas pinzas sacar, una a una, las espinas interiores.
- Porcionar según platos.
- Si se va a utilizar en el día, guardar filmado lomo con lomo; por la parte de la carne y la piel hacia fuera.
- Para congelar, envolver en papel de horno y, seguidamente, en papel film y congelar. (si tenemos posibilidad de envasar al vacío mejor)
- Si se corta en trancha es para cocinar al momento.

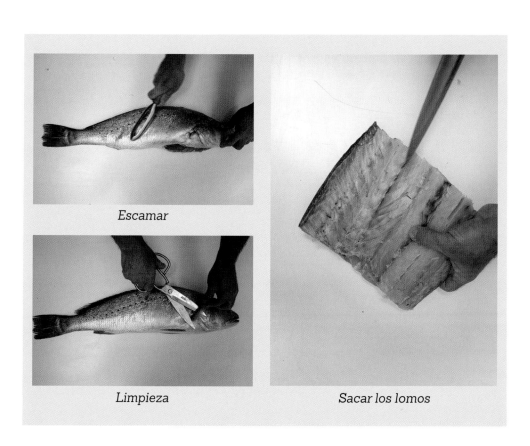

Escamar

Limpieza

Sacar los lomos

1. Corvina con acelga anchoada, compota de manzana y jugo reducido de pollo

En este plato le daremos a la corvina casi el mismo tratamiento que a una carne si tenemos en cuenta la guarnición; te sorprenderá lo bien que van las aves tostadas y algunos pescados: el horno, imprescindible para elaborarla.

Tostamos las carcasas de pollo con un poco de aceite a 180°C durante cuarenta minutos. Es importante que queden bien doradas. En paralelo doramos las verduras cortadas en dados gordos; reservamos. Sacar la bandeja de huesos del horno y meter los huesos en la olla de las verduras, poner la bandeja a fuego fuerte y añadir con cuidado el vino y vamos absorbiendo los jugos caramelizados del pollo rasgando con una espátula, cuando la bandeja quede casi limpia y haya evaporado el alcohol añadir el jugo a la olla de las verduras junto con el pollo; cubrimos de agua y ponemos a cocer a fuego suave sin tapadera (reducir) esto nos llevará al menos un día. Colamos el jugo que nos quede. Podemos seguir reduciéndolo hasta que quede con la consistencia deseada. En un cazo, poner el azúcar y caramelizarlo a fuego muy suave, añadir el jugo, una pizca de sal y la mantequilla muy fría y lo trabajamos con una varilla.

PARA EL JUGO DE POLLO
~ 1 hueso de pollo
~ 1 zanahoria
~ Media cebolla
~ 1 tomate
~ 2 dientes de ajo
~ 1 chorrito aove
~ 250 cl de vino de Jerez
~ 20 gr azúcar
~ Sal
~ Pimienta negra molinillo
~ Nuez de mantequilla

PARA LA ACELGA
~ 1 manojo de acelgas
~ 4 unidades de anchoas con su aceite.
~ 1 diente de ajo
~ 100 gr de nata
~ Sal
~ Pimienta en molinillo

PARA LA COMPOTA DE MANZANA
~ 2 manzanas reineta
~ 2 nueces de mantequilla
~ Pizca de canela en polvo

PARA LA CORVINA
~ 4 lomos de corvina
~ Sal
~ Pimienta en molinillo
~ Aove
~ Nuez de mantequilla

Limpiar y separar la acelga de las hojas y el tronco, a este con ayuda de una puntilla limpiarlo bien de hebras y cortarlo en dados; darle un hervor de cinco minutos, partiendo de agua hirviendo; enfriar y reservar.

Escaldar cinco segundos las hojas cortadas en tiras, enfriar y escurrir bien, presionamos para desechar el máximo de agua y nos quede bien seca,

En una sartén antiadherente ponemos el aceite de anchoa y le agregamos el ajo y la anchoa bien picados (a fuego suave), antes que el ajo empiece a dorar añadir las hojas y los troncos escurridos, rehogamos y sazonamos si hiciera falta, añadimos también pimienta recién molida, mojamos con nata y dejamos reducir hasta dejar un punto cremoso sin líquido.

En papel aluminio introducir las manzanas bien lavadas con las nueces de mantequilla y espolvoreados con la pizca de canela; cerrar bien e introducir en horno precalentado a 180°C, mantenerlas dentro, al menos veinticinco minutos, pinchar con una puntilla para verificar que están hechas de lo contrario prolongar el tiempo de cocción. Sacar del horno y dejarlas reposar hasta perder el calor inicial. Cuando no quemen las pelamos e introducimos la pulpa cocida en vaso americano junto con el jugo y grasas que se encuentre en el papel, triturar y emulsionar; reservamos.

En sartén antiadherente, marcamos a fuego fuerte el pescado empezando por la parte de la piel cuando veamos una línea blanca en la carne pegada a la piel, querrá decir que sus proteínas han empezado a contraerse si la pieza tiene grosor, baje un poco el fuego y deje que se haga bien la piel. Cuando esto ocurra, dele la vuelta y deje que siga haciéndose; podemos dejarlo con el interior crudo y después acabarlos de hacer en el horno precalentado a 180°C (es un buen momento para agregar la nuez de mantequilla y la pimienta) durante unos minutos más; es una técnica muy apreciable cuando hay invitados en casa ya que te permite controlar la cocción del pescado habiendo adelantado trabajo y al mismo tiempo, disfrutar de su compañía.

En el plato ponemos las acelgas de forma natural, la coronamos con el pescado y ponemos al lado unos puntos de compota. Salseamos con el jugo de pollo.

Otros pescados para este plato: Utilizar pescado grasos o semigrasos con personalidad, que aguanten bien las cocciones como el mero, el verrugato, dorada, lubina, el besugo, pez limón.

2. Wellington de corvina, setas y crema de patatas

Al igual que a la sal, hay una tradición de cocciones en *croutte* con masas de harina, en este caso lo haremos con un buen hojaldre casero que le aportará una gran jugosidad.

Hacer una masa con las harinas tamizadas y la sal, añadir el agua y amasamos hasta que quede lisa y homogénea; reservamos en bol filmado, una hora mínimo, en nevera. Simultáneamente trabajamos la mantequilla para hacerla más plástica, la técnica consiste en meter la mantequilla entre papel de horno y con golpes suaves, al principio, y deslizando el rodillo como tal, después; darle una forma cuadrada con un grosor de un cm homogéneo en toda su extensión.

Disponer la mantequilla sobre la masa de harina extendida en forma rectangular, de forma que la mantequilla ocupe 2/3 de la masa de harina, doblar el tercio de masa de harina restante al centro sobre la mantequilla y, sobre ese centro, el tercio de la izquierda consistente en la masa de harina y mantequilla quedando un libro en este orden: masa harina-mantequilla-masa harina -mantequilla-masa harina. Dejar reposar una hora envuelto en el papel utilizado.

Pasado este tiempo, estiramos la masa con el rodillo suavemente de forma rectangular y con dos cm de grosor de forma homogénea, en toda su extensión. Imaginamos la masa en tres partes, doblando el tercio derecho al centro y el izquierdo sobre estos. Reservar una hora envuelto en el papel utilizado.

Repetimos la operación cuatro veces más con sus tiempos de espera. Cuando dispongamos a utilizar la masa, cortar respetando las capas que hemos trabajado, así suflará y adquirirá la textura carac-

PARA EL HOJALDRE
~ 700 gr harina fuerte
~ 300 gr harina floja
~ 20 gr sal
~ 550 gr agua
~ 700 gr mantequilla

CREMA DE PATATAS
~ 500 kg Patatas
~ 250 gr nata
~ 250 gr leche
~ 100 gr mantequilla
~ Sal y pimienta

terística del hojaldre. Estiraremos con rodillo con medio cm de grosor, unos rectángulos de 10x15 cm aproximadamente; reservaremos en nevera filmados para que no se seque.

Cocer la patata, pelada y cortada, hasta que se rompa; turbinar en vaso americano con la nata y la leche reducida. Añadir punto de sal y pimienta y emulsionar añadiendo la mantequilla poco a poco en dados.

Hacer un escaldado de todas las verduras cortadas en *bruniose*.

En una sartén antiadherente, con un poco de aceite bien caliente marcamos levemente las piezas de corvina; solo dorado en el exterior, las dejaremos crudas en el interior. Sacamos la corvina y reservamos en nevera.

En la misma sartén, desechamos el aceite usado y, sin limpiar, añadimos aceite nuevo y rehogamos la cebolla bien picada, trabajamos a fuego medio durante diez minutos, le añadimos las setas cortadas en láminas, rehogamos con una pizca de sal y pimienta recién molida, apenas dos minutos. Sacamos y enfriamos en nevera.

Para el Wellington

Sobre la mesa extendemos los rectángulos de masa de hojaldre, extenderemos en el centro las setas salteadas y sobre ellas, el taco de corvina (muy importante que estén bien frías, recuerda que el hojaldre esta hecho de mantequilla), pintamos con huevo los bordes y cerramos pegando bien las salidas de los bordes, damos la vuelta al rulo, y pintamos el exterior; además hacemos un pequeño orificio en el centro a modo de chimenea, para expulsar la humedad (de lo contrario esa humedad dejará cruda la masa en su interior). Damos treinta minutos de frío en nevera y cocemos en horno precalentado a 180°C, durante dieciséis minutos.

PICADA DE VERDURAS
~ 100 gr de judías verdes
~ 50 gr tomate fresco
~ 50 gr pimiento rojo
~ 10 gr cebollino
~ 200 gr fumet neutro
~ Sal

CORVINA CON SETAS
~ 4 tacos de corvina de 10 cm
~ 100 gr de gurumelos
~ Media cebolla
~ Sal
~ Pimienta en molinillo
~ Aove

Ponemos una base de crema de patata de base en un plato sope-ro, ponemos el Wellington de corvina sobre la crema, y bordeamos ésta con la picada.

Otros pescados para este plato: Es un plato que podemos hacer con cualquier pescado de ración o con lomos cortados sin piel; lubina, dorada, corvina, pez limón, atún, cherna, etc.

3. Fideuá de corvina, brócoli y tirabeques

La corvina es un pescado que da mucho juego y con carnes prietas, aguanta muy bien las cocciones medias, la plancha y, además con una gran personalidad capaz de transmitir a los guisos, prueba las piezas sobrantes en elaboraciones como esta, no te defraudará.

Para esta receta utilizaremos preferiblemente piezas de la corvina sobrantes, la cola o ventresca; con mucho sabor y que aguantan bien las cocciones. Cortaremos el pescado en dados y doramos a fuego medio en la misma paellera con un poco de aceite y sal, por la parte de la piel; una vez hecha, dejando crudo el resto, retiramos y reservamos.

Partiendo de agua hirviendo, daremos tres minutos de cocción al tirabeque, escurrimos del hervor y cortamos la cocción sumergiéndolo en agua con hielo y una pizca de sal. Volvemos a escurrir y despegamos por uno de sus extremos y tiramos dejándolos unidos por el otro, dejándolos de forma alada. Reservamos también.

En la paellera disponemos entonces el ajo bien picado con aceite, a fuego suave, añadir el pimentón y seguidamente el concentrado de tomate, mover bien al fuego y dejar que se seque bien, que pierda agua; agregarle entonces los fideos; lo vamos trabajando para que la pasta absorba el sofrito, debe quedar bien tostados con la grasa y deshidratados, es un proceso que puede durar cinco minutos y que hay quien los hace más suavemente en el horno.

Cuando la pasta este bien tostada nos disponemos a hacer nuestra fideuá; agregando el fondo poco a poco, hirviendo y trabajándolo para que haya la misma cantidad de fideos por todas partes, añadimos también los árboles de brócoli y dejamos cocer vigilándolo y añadiendo caldo cuando hiciera falta, a fuego fuerte. A los cuatro

Elaboración de la fideuá

minutos de cocción añadimos sal y bajamos a medio el fuego y resituamos toda la pasta y las verduras, ya no moveremos más el interior, pondremos de forma armoniosa el pescado con la piel hecha hacia arriba y las tiras de tirabeque de forma enredada. Dejaremos los últimos tres minutos cociendo de forma suave y vigilando para que no se queme el socarrado, rectificar de sal si hiciera falta, y esperar a que las puntas de la pasta suban hacia arriba; será la señal de que están cocidas.

ACABADO

Las cocciones en paelleras son fantásticas para servir en mesa delante de los comensales, servir con alioli o algún pesto de hierbas para refrescarlo.

Otros pescados para este plato: Es un plato que podemos hacer con cualquier pescado de ración o con lomos cortados sin piel; lubina, dorada, corvina, etc.

4. Ossobuco de corvina al vino tinto con verduras torneadas

El *ossobuco* es un plato tradicional de la cocina italiana, concretamente, un estofado de carne de res, donde se utiliza el jarrete con el hueso. El resultado es un guiso meloso con mucho sabor debido a las horas de cocción, y el aporte del vino y el hueso. Permitámonos hacer una versión marina con menos cocción, pero no menos sabor. Utilizaremos la parte posterior del pescado antes de llegar a la cola, para hacer el juego visual y de sabor.

Tornear las patatas y las zanahorias peladas, las hervimos con un poco de sal, partiendo de agua hirviendo, las pinchamos con un cuchillo puntilla para ver si hace resistencia, en cuanto dejen de hacerla, sacar y escurrir. Reservar.

Pelar las vainas de guisantes y cocer en agua con sal, partiendo de agua hirviendo, durante cinco minutos, escurrir y rehogar con el resto de verduras (patatas y zanahorias) con un poco de aceite y pimienta, si es preciso rectificar de sal.

PARA LA GUARNICIÓN
~ 2 patatas
~ 2 zanahorias
~ 200 gr guisantes
~ Sal
~ Una pizca de aove
~ Pimienta negra molinillo

PARA EL OSSOBUCO
~ 1 kg de cola de corvina
~ 500 gr fondo escuro de pescado
~ 100 gr vino tinto
~ Una pizca de sal
~ 1 diente de ajo
~ 1 cebolla
~ 1 c de tomate concentrado
~ 1 zanahoria
~ Una ramita de tomillo
~ 3 granos de pimienta negra
~ 2 bayas de enebro
~ Aove.
~ Dos cucharaditas de harina

En una sartén con aove, a fuego fuerte ponemos las rodajas de corvina con un poco de sal, doramos bien por los lados de la carne, sacamos y reservamos, desechamos el aceite restante y en la misma sartén volvemos a poner aceite crudo, añadimos el ajo bien picado con la cebolla, seguidas de las zanahorias y el tomate concentrado, sin olvidar las especias y hierbas, dejamos cocer al menos diez

Elaboración ossobuco

minutos a fuego medio, cuando las verduras estén hechas, rehogamos la harina y trabajamos durante dos minutos, que no quede cruda, es entonces cuando agregamos el vino tinto. Dejamos reducir a fuego suave hasta que quede la mitad del vino, añadimos el fondo de pescado y seguimos reduciendo, durante diez minutos más a fuego suave, sacamos las especias con las hiervas y trituramos, seguimos reduciendo hasta que se nos quede con la consistencia se salsa untuosa (si es necesario añadir unos dados de mantequilla para emulsionar).

Meter las rodajas en la salsa y glasear con una cuchara a fuego bajo, hasta que quede hecha (esto no debe durar mucho más de cinco minutos), mientras ponemos en su punto de sal, vamos pasando la cuchara con salsa por el pescado para ir remojando la parte superior y se vaya glaseando.

ACABADO

Poner las piezas de pescado bien tapadas con la salsa y añadir las verduras salteadas durante dos minutos para unificar sabores como si fuera un estofado; no dejarlos más tiempo para no sobre cocer los elementos. Disponer en plato sopero.

Otros pescados para este plato: Utilizar pescados semigrasos con personalidad, que aguanten bien las cocciones como el mero, el besugo, pez limón, etc.

LA DORADA

Debe su nombre a la franja que le une los
ojos, antigua reina de los fogones; tal vez
su excesiva producción en piscifactorías le ha
granjeado cierta fama de pescado barato o basto;
nada más lejos. Su dieta rica en marisco y crustáceos y su incipien-
te actividad le hacen tener una carne fina y sabrosa; ideal para la
sal... probadla y veréis.

LIMPIEZA Y CONSERVACIÓN

- Para la limpieza de la dorada estiraremos sobre la mesa de trabajo un plástico inodoro. Pondremos el pescado sobre el plástico.

- Cortaremos las aletas con unas tijeras.

- Dispondremos la cabeza cerca nuestra y escamaremos con un
escamador contra las escamas por los dos lados, haciendo mucho hincapié en la barriga.

- Retiramos el plástico y pasar papel por la piel de la lubina para
retirar las escamas residuales.

- Para el corte, disponer la dorada sobre una tabla de corte de
forma perpendicular con la cabeza en nuestra izquierda (si no
eres zurdo).

- Para sacar los lomos, en la misma posición, haremos un corte
suave debajo de la cabeza, pero sin cortar espina.

- Marcaremos con la punta de cuchillo la carne que se une con la
zona dorsal, tocando siempre con la punta las espinas iremos
sacando el lomo hasta acabar por la zona pectoral y la cola

- Repetir la operación con el otro lomo.

- Retirar de la ventresca las espinas exteriores.

- Con unas pinzas sacar, una a una, las espinas interiores.
- Porcionar según platos.
- Si se va a utilizar en el día, guardar filmado lomo con lomo, por la parte de la carne y la piel hacia fuera.

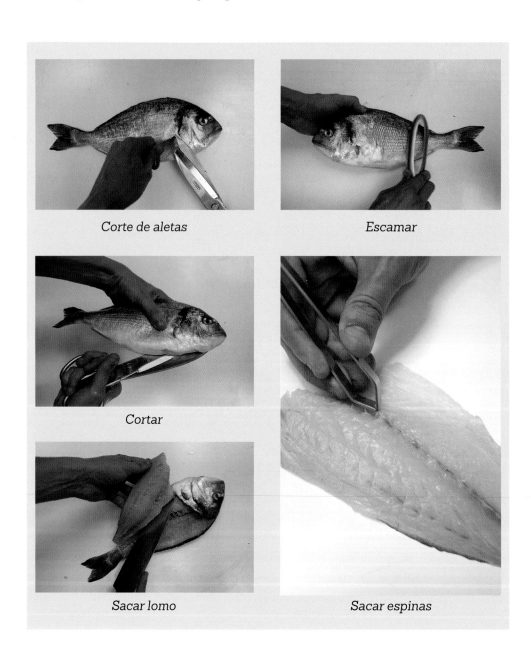

Corte de aletas

Escamar

Cortar

Sacar lomo

Sacar espinas

1. Dorada con alcachofas y sabayón de PX

El Pedro Ximénez es un tipo de uva cuyos vinos son muy apreciados en el sur, nos servirá para una elaboración de tradición dulce, que inundará de untuosidad nuestro pescado; maridando perfectamente con las alcachofas.

Pelar las alcachofas desde el tallo hasta dejarlas sin hojas verdes, tornearlas para dejarlas redondas. Con un sacabola o una cuchara, vaciar y limpiar de pelillos el interior. Ir guardando en agua con perejil cortado en tres partes para que no se pongan negras. Cortar en cuatro, escurrir y poner en una cacerola con agua nueva y una pizca de sal. Poner al fuego y darle cinco minutos de cocción una vez empiece a hervir, pasado este tiempo reservarlo otros cinco minutos en el agua de cocción.

PARA LAS ALCACHOFAS
~ 4 alcachofas
~ Unas ramitas de perejil
~ 2 cebollas
~ Un chorrito de aove suave
~ Sal
~ Medio vasito de manzanilla
~ Pimienta molida

PARA EL SABAYÓN
~ 3 yemas
~ 100 gr de P.X.
~ Sal
~ Pimienta.

Mientras picamos la cebolla en juliana, rehogamos con un chorrito de aceite y las dejamos bien hechas; les echamos un poco de agua cuando se nos peguen para desglasar. Una vez hecha, añadimos las alcachofas y ponemos en su punto de sal. Reservamos.

En un cazo poner el vino a reducir a fuego suave, hasta que quede la mitad; poner en un bol, junto con las yemas.

Poner el bol al baño maría, sin que el agua hierva, y trabajar con una varilla; veremos cómo poco a poco va blanqueando la elaboración y coagulando. En cinco minutos tendremos una crema aérea. Salpimentar y reservar en caliente con papel film, con cuidado que no coagule demasiado. Si es necesario volver a varillar antes de utilizar.

Marcar cuatro lomos de dorada en la plancha, con un poco de acei-te y sal; empezando por la piel (presionamos un poco para que no se doblen), dar la vuelta y hacer por el lado de la carne hasta que el borde esté blanco.

En un plato plano poner una base de alcachofas, con el lomo de pescado y el sabayón a modo de salsa

Otros pescados para este plato: Pescados de ración que se pue-dan filetear los lomos; probar con el salmonete, pargo, sargo, verru-gato o besugo.

2. Dorada a la sal con salsa foyot ácida

La salsa *foyot* es una derivada de la salsa holandesa con un poco de caldo de pescado; en este caso le incorporamos cierta acidez para refrescar la elaboración. Atención a los pasos para el pescado a la sal; ¡repásalos y tendrás un plato de lujo!

Precalentar el horno a 250°C, mientras humedecemos la sal gorda con un poco de agua una clara de huevo. Pondremos una base de sal húmeda de un dedo de grosor, extenderemos las doradas bien cerradas por las ventrescas, y enterraremos con el resto de la sal con el mismo grosor, presionando para que quede compacto.

Cocer veinte minutos, fijarse bien si la costra de sal tiene grietas, suelen ser

PARA EL PESCADO A LA SAL
~ 4 doradas de ración
~ 1.500 gr de sal marina gorda
~ Un poco de agua
~ 1 clara de huevo
~ Pescado limpio solo de vísceras, pero con escamas

PARA LA SALSA FOYOT
~ 4 yemas de huevo
~ 200 gr mantequilla
~ Un chorrito de vinagre de estragón
~ Un chorrito de fumet neutro
~ 1 chalota
~ Sal
~ 5 pepinillos
~ 10 alcaparras
~ 1 cucharadita de mostaza de Dijón

Elaboración

143

señal de que la cocción está hecha. En caso de duda, es preferible dejar un par de minutos más.

Poner la mantequilla a fuego suave en un cazo para derretir, una vez líquida, dividir con un colador la parte densa blanca (proteína) de la parte amarilla líquida (grasa), que es lo que vamos a utilizar para la receta y que llamamos mantequilla clarificada.

Ponemos el huevo al baño maría, pero sin cocer; con sal, vinagre de estragón y un poco de fumet trabajar con varilla hasta que cambie de color (más clara); vamos añadiendo la mantequilla clarificada a chorro fino mientras seguimos varillando, montando como si fuera una mayonesa; la temperatura sobre unos 70°C. Una vez montada la salsa añadir el resto de ingredientes bien picados y mezclar con la elaboración. Mantener al baño maría hasta el momento de la utilización con cuidado de que no cuaje más.

ACABADO

Sacar la bandeja del pescado en la mesa, dar un golpe lateral a la costra de sal, destapar en bloque la parte de arriba; la piel del pescado debe salir con la costra de sal, de lo contrario retirar también. Con unos cubiertos de servir porciones en el plato la carne del pescado sin espinas con un poco de salsa.

Otros pescados para este plato podrían ser sargo, pargo, lubina, verrugato o el borriquete por tener formas similares a la dorada, aunque es un tipo de cocción que admite casi cualquier pescado.

3. Dorada con espinacas, morcilla y alioli de peras

Mar y montaña, o más bien, serranía; la morcilla bien tratada va muy bien con el pescado, sobre todo en la época más fría; añadirle fruta no hace sino refrescarlo.

Escaldar la morcilla para desgrasarla, secar y pelar. Picamos la morcilla y la estiraremos con papel en una bandeja de horno, donde la expondremos a 100°C hasta que quede bien seca. Reservar.

Poner el aceite a calentar y añadir el ajo cortado en láminas finas, antes de que empiece a dorar, añadir el vinagre y fuera del fuego la morcilla deshidratada; sazonar y mantener semicaliente.

En una sartén antiadherente echar un chorrito de aceite; cuando esté caliente poner los lomos, sazonados, por la parte de la piel; si es necesario (y con cuidado de no quemarte) presionar suavemente, ya que con el calor el pescado tiende a arquearse, para asegurarse que el dorado de la piel es homogéneo. Dar la vuelta y terminar de hacer por el otro lado.

PARA EL ALIOLI DE PERAS
~ 100 gr de mayonesa base
~ 1 diente de ajo blanqueado tres veces
~ 50 gr de pera madura
~ Triturar todos los ingredientes y reservar en frío

PARA LA BILBAÍNA DE MORCILLA
~ 50 gr de morcilla
~ 2 dientes de ajo blanqueados
~ 100 gr aceite de Aove, variedad picual
~ 20 gr vinagre de Jerez
~ Una pizca de sal

PARA LA DORADA
~ 4 lomos de dorada de 120 gr
~ 70 gr de brotes de espinacas
~ Aove
~ Sal

ACABADO

En un bol poner las espinacas y aliñar con la bilbaína atemperada, escurrir y emplatar en el centro del plato, rosear con unos puntos de alioli y coronar con el lomo de dorada encima.

Otros pescados para este plato: Utilizar pescados de ración que aguanten bien la plancha, también lo acepta el rape, la melva o el lenguado.

4. Taco de dorada

Hacer una masa con los ingredientes y dejar reposar treinta minutos, hacer bolas de cuarenta gr y estirar con un rodillo para que queden bien finas y redondas. Hacer a la plancha a fuego fuerte sin grasa, vuelta y vuelta.

Reservar tapadas para que no se sequen.

Triturar todos los ingredientes en un mortero y emulsionar, poner en su punto de sal y reservar en frío.

Cortar todas las verduras en *brunoise*: mezclar y aderezar. Reservar en frío.

Cortar las verduras en juliana fina y rehogar a fuego suave junto con el *chipotle* bien picado, marcar aparte el pescado, aderezados con sal y un poco de zumo de lima. Añadírselo a la elaboración anterior si romper, poner en su punto de sal y meter en el taco antes de que se enfríe.

ACABADO

En el taco caliente ponemos relleno con el pescado encima intentando que quede los más entero posible; añadimos al momento un poco de pico de gallo y guacamole.

Otros pescados para este plato: Utilizar pescado grasos o semigrasos con personalidad, que aguanten bien las cocciones como el mero, el besugo, o los túnidos como la melva o la caballa.

PARA LA TORTILLA
~ 500 gr harina floja
~ 85 gr agua
~ 25 gr de aove
~ Una pizca de sal

PARA EL GUACAMOLE
~ 250 gr de aguacate
~ 40 gr de tomate
~ 25 gr de cebolla
~ 2 gr de cilantro fresco
~ Un buen chorreón de zumo de lima
~ 4 gr de chipotle
~ Una pizca de sal
~ Un poco de Aove

PARA EL PICO DE GALLO
~ 1 tomate
~ Medio pimiento rojo
~ Medio pimiento verde
~ 1 cebolla
~ Unas hojas de cilantro
~ Una pizca de zumo de lima
~ 1 chile jalapeño
~ Un chorrito de Aove variedad arbequina
~ Sal

PARA EL RELLENO DEL TACO
~ 1 cebolla
~ 1 pimiento verde
~ 1 chipotle
~ 2 lomos de dorada limpios
~ Un chorrito de lima
~ Sal
~ Aove suave

LA MERLUZA

Siempre me pareció la carne de la merluza
de una sutileza finísima; será por su escasa
cantidad de grasa, la blancura de su carne o por
su contenido en geles. Terrorífica de aspecto en el
plato se convierte en una bella doncella de los mares.

LIMPIEZA Y CONSERVACIÓN

- Para la limpieza de la merluza estiraremos sobre la mesa de trabajo un plástico inodoro, pondremos el pescado sobre el plástico.

- Cortaremos las aletas con unas tijeras con mucho cuidado de no pincharnos con ellas ni con los dientes, ya que ambos son muy puntiagudos.

- Escamar con la cabeza a tu izquierda por los dos lados y hacia ti con suma suavidad, ya que la carne de la merluza es muy blanda, pudiéndola desgarrar con facilidad.

- Pasar papel suavemente para limpiar y eviscerar.

- Limpiamos el interior con papel y retirar la telilla negra de las ventrescas repasándolas con papel o un paño de cocina.

- Retirar el plástico, repasar con papel el pescado y poner sobre la tabla de corte limpia.

- En caso de querer el cogote cortar las medidas de dos tranchas, al menos, directamente por el lomo y la parte de la boca. Deshacernos de los ojos y las branquias y cortar la espina central para dejarla abierta.

- Si queremos tranchas seguir el mismo corte del lomo con espinas con el grosor deseado.

- Si queremos sacar el lomo, disponer del pescado sin cabeza y la ventresca abierta abajo; por arriba marcar con la punta del cuchillo los dos lomos dejando la espina central en medio, iremos repasando el corte marcado bajando con la punta del cuchillo raspando la espina, la cual se irá abriendo hacia afuera en la parte de la ventresca.

- Repetir la operación con el otro lomo. Con suma suavidad, recuerda que la merluza tiene la carne muy blanda.

- Guardará lomo con lomo por la parte de la carne y tapar con papel cocina y hielo sobre una escurridera. Filmar.

- Si es para congelar poner en papel de horno y filmar o envasar al vacío. Congelar.

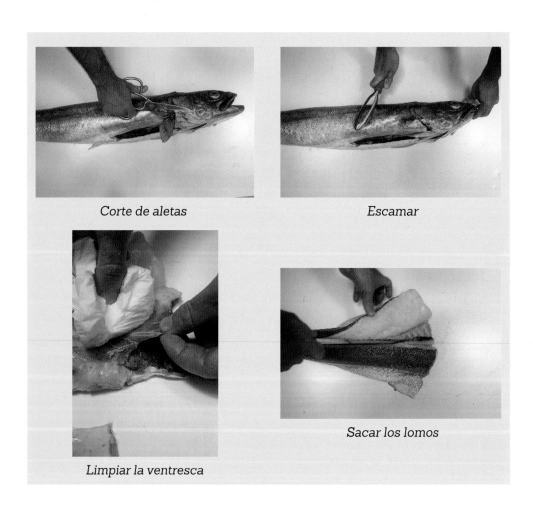

Corte de aletas

Escamar

Limpiar la ventresca

Sacar los lomos

1. Cogote de merluza a la bilbaína con crema de coliflor y almendras fritas

Cocer la coliflor cubriéndola en agua y la cantidad de leche especificada, una vez la pinchemos con cuchillo y se rompa con facilidad, sacar y escurrir bien; en caliente meter en vaso americano y triturar con el resto de ingredientes, aprovechar el salado de la almendra, si hace falta añadir más; debe quedar un puré cremoso, fino y sin tropezones. Reservar.

Con el cogote abierto y bien limpio, poner en bandeja de horno antiadherente con aceite y sal, en horno precalentado a 180°C y cocemos durante veinte minutos. Sacamos del horno

Mientras; en una sartén con abundante aceite de oliva, doramos los ajos en láminas con la cayena en cortada en dos, cuando empiecen a dorarse sacamos del fuego y añadimos un chorrito de vinagre (cuidado con el choc térmico), derramamos sobre el cogote bien caliente y le damos un leve meneo.

Si vemos que el pescado todavía no está hecho, escurrimos todo el aceite con el jugo de la bandeja y volvemos a calentar suavemente en la sartén (veremos los geles del pescado disueltos en el aceite), volvemos a derramar sobre el pescado para que se termine de hacer.

Repetir la operación, si hiciera falta y añadimos perejil bien picado.

PARA LA CREMA DE COLIFLOR Y ALMENDRAS
~ 300 gr de coliflor
~ 100 gr leche
~ 100 gr mantequilla
~ 100 gr de almendra frita

COGOTE DE MERLUZA A LA BILBAÍNA
~ 1 cogote de merluza
~ 5 dientes de ajo
~ Aove
~ 1 chorreón de vinagre de manzana
~ 1 cayena
~ Perejil
~ Sal

Disponer en la misma bandeja o en una fuente bien atemperada, con todos los jugos en la mesa para trinchar delante de los comensales; con el puré de coliflor bien caliente.

Otros pescados para este plato: Pescados ricos en geles como el bacalao o el rodaballo, también la raya.

2. Merluza en velouté de huevas y coles de Bruselas

La *velouté* es la base de muchas salsas clásicas, consistente en espesar un caldo básico aromatizado. En este caso lo haremos con unas buenas huevas. Con esta misma base, y un poco de imaginación, podemos multiplicar nuestro recetario.

Hervir el caldo de pescado. Paralelamente en otra cacerola ir calentando la mantequilla; cuando está disuelta añadir la harina, cocinarla al menos un par de minutos con una varilla (la harina cruda es muy indigesta). Siempre en caliente, mojamos con el vino y seguimos trabajando con varilla, cuando se haya diluido el alcohol (con tan poco vino es cuestión de segundos) agregar el caldo caliente sin dejar de utilizar la varilla, y lo ponemos en su punto de sal y pimienta, lo dejaremos cinco minutos hirviendo de forma moderada siempre sin dejar de remover con la varilla (debido al espesor puede agarrarse a la base de la cacerola).

Hacemos un escaldado a aparte con las coles cortadas por la mitad; cocer cinco minutos partiendo de agua hirviendo. Reservar.

En una cazuela plana antiadherente disponer los cuatro lomos con un poco de sal sobre la velouté bien caliente, debe hervir a fuego suave para que la merluza se cueza; a los cinco minutos le damos la vuelta al pescado y seguimos cociendo, dependiendo del grosor de la pieza y del grado de calor en diez minutos debe estar hecha. Añadir las coles los últimos dos minutos y poner en su punto de sal.

PARA LA VELOUTÉ
~ 500 gr de fumet neutro de merluza
~ 30 gr de mantequilla
~ 30 gr harina
~ 20 gr vino blanco
~ Sal
~ Pimienta

PARA EL PLATO
~ 4 lomos de merluza
~ 500 gr de velouté
~ 12 unidades de coles de Bruselas
~ Sal
~ 100 gr huevas
~ Fumet neutro si hiciera falta

ACABADO

En un plato semi sopero ponemos la pieza de pescado con las coles y *volouté*, poner un buen cucharón de huevas que se diluya en la salsa y sobre el pescado.

Otros pescados para este plato: Podemos hacerlo con cualquier pescado bien limpio sin piel como el rape, lubina, bacalao o el san Pedro.

3. Merluza a la romana con tinta de calamar y gazpachuelo

El gazpachuelo es un plato netamente malagueño, va a las mil maravillas con cualquier pescado elaborado y con su caldo, además aplicaremos la técnica de freír rebozados de forma muy novedosa.

Cogemos los paquetitos congelados de tinta (es importante que estén bien limpios), les hacemos varios cortes con unas tijeras e introducimos en los trescientos ml de agua a temperatura ambiente. Cuando la tinta se haya diluido en el agua, colamos en un bol y desechamos los paquetitos, añadimos la levadura y disolvemos, por último las harinas y trabajamos bien con una varilla hasta que quede homogénea y sin grumos, dejamos fermentar a temperatura ambiente, bien filmado, hasta que al menos duplique su volumen (puede pasar una hora y media como poco). Reservar para freír.

Sofreír en una sartén la cebolla bien picada a fuego medio, cuando comience a agarrarse a la base de la sartén añadir una pizca de agua y despegar; nos daremos cuenta de que se habrá oscurecido un poco; repetir la misma operación hasta que se quede bien hecha, entonces añadir el calamar limpio y bien picado; seguir rehogando y aña-

PARA LA TEMPURA DE TINTA
~ 100 gr harina fuerte
~ 100 gr harina floja
~ 300 ml de agua
~ 2 paquetitos de tinta de calamar
~ 15 gr levadura fresca.

PARA EL CALAMAR ENCEBOLLADO
~ 1 cebolla
~ 1 calamar
~ 50 ml de Málaga dulce
~ Sal
~ Pimienta
~ Aove

PARA EL GAZPACHUELO
~ 100 gr de mayonesa base
~ 100 gr de fumet neutro de merluza
~ Sal.

PARA LA MERLUZA FRITA
~ 4 piezas de merluza en forma de taco.
~ Tempura de tinta
~ 1/2 l aceite de girasol
~ Sal

157

dir el vino, reducir y poner en su punto de sal y pimienta. Reservar en caliente.

Calentamos el fumet y vamos agregando en un bol con mayonesa poco a poco trabajándolo con una varilla; debe quedar no demasiado graso y con cierta densidad.

En una sartén onda añadimos el aceite y lo ponemos a fuego medio alto, lo ideal es a 170°C (recuerda los consejos de frituras en el apartado de hitos gastronómicos). Paras las piezas de merluza por la tempura, escurrir bien e introducir en el aceite con mucho cuidado (las quemaduras de aceite son muy dolorosas, lo digo por experiencia), lo movemos para que la fritura sea homogénea por todos lados y, recuerda, no es una fritura rápida, no tengas prisa ya que puede quedar crudo el pescado.

Sacamos la fritura y escurrimos el exceso de aceite, le damos un pequeño corte y miramos si está hecho en el interior, de no ser así volvemos a freír. Si está hecho, acordémonos de poner la fritura en el plato con el corte abajo para que no se vea; ¡hay que cuidar todos los detalles!

ACABADO

Disponer en la base de un plato sopero una ración de gazpachuelo, unas puntas a los lados de encebollado que hacen contraste y la tempura en el centro; añadir un poco de cebollino fresco picado.

Otros pescados para este plato: Cualquiera que nos guste que tenga buena fritura como el mero, corvina, lubina, salmonete, incluso podemos probar con algún pescado graso como la caballa o la melva.

4. Ceviche suave de merluza con naranja y zanahoria

No cabe duda de que el ceviche es un concepto extraordinariamente atractivo que cada día cuenta con más adeptos. Esta receta en concreto recrea el sabor a cítrico de la naranja, el dulzor de la zanahoria y la suavidad magra de la merluza. No tienes ninguna excusa para no probarlo; plato rápido, rico, refrescante... y sencillo.

Triturar todos los ingredientes y colar, utilizar al momento; es muy importante que todos los ingredientes estén muy fríos.

Cortar la merluza en dados y dejarlos en sal diez minutos, a continuación, añadimos la leche de tigre y dejamos macerar, al menos, diez minutos más, terminamos con el zumo de naranja.

PARA LA LECHE DE TIGRE
~ 80 gr zumo de Lima
~ 1 gr de rocoto
~ 2 gr ajo
~ 5 gr apio
~ Unas hojas de cilantro
~ 8 gr cebolla roja
~ 40 gr fumet neutro opcional muy frío

PARA EL CEVICHE
~ 400 gr de merluza
~ Sal
~ Leche de tigre al gusto
~ Zumo de 1 naranja
~ Cilantro picado
~ 1 zanahoria
~ 1 aguacate

ACABADO

Poner los dados de merluza macerados con parte de su caldo en un plato semisopero, agregarle cilantro bien picado, las tiras de zanahoria cortadas con un pelador y el aguacate (cortados a última hora para que no se oxide. Como sabéis, los cítricos del plato lo protegerán de la oxidación).

Otros pescados para este plato: este plato acepta cualquier pescado, si queremos parámetros similares busca un pescado blanco o semigraso.

EL ATÚN

Decir atún es decir festín marino; generosidad de la naturaleza en forma de grasas y proteínas de colosal sabor; cultura ancestral que une animal y hombre en forma y estilos de vida; al comienzo de primavera se escuchan los primeros ronqueos. Démosle el sitio que merece en nuestras mesas; en todos los formatos que conocemos, fresco, en conserva, curados, etc.

LIMPIEZA Y CONSERVACIÓN

Carece de sentido explicar la limpieza del atún ya que es un producto que por sus dimensiones lo vamos a comprar porcionado; sí es necesario en cambio explicar la limpieza de ciertas porciones y su conservación o tratamiento:

- El corte de cualquier pieza de atún debe hacerse siempre con cuchillo largo, bien afilado, y de un solo movimiento suave de más lejos a más cerca.

- Nunca poner bajo el grifo, preferible papel absorbente de cocina.

- Envolver en papel absorbente y filmar para preservar de la humedad (si tienen máquina de vacío, no lo duden).

- Cambiar el papel cada doce horas.

- No obsesionarse con consumir el atún lo más fresco posible, concretamente a las piezas más fibrosas les conviene madurar bien envueltas en papel y conservándolas lo más frías posible, al menos dos días, como el morrillo, galete o la carrillera (en general, si es fresco, a todas las piezas de atún no les viene mal dicho proceso de maduración).

Conservación del atún

Corte del atún

1. Carrillera estofada de atún con cerezas y cous cous

La carrillera del atún es una carne fibrosa y llena de sabor, perfectas para cocciones largas y estofados, prueba con este tipo de marinada, que aprovecharemos como fondo del guiso y además con cerezas que, aunque no lo creas, marida perfectamente con los pescados azules.

Para hacer la marinada pelar y cortar las verduras en brunoise, bien fina, y rehogar con un chorrito de aceite, junto con el tomillo y la pimienta, cuando esté hecha añadir el vino y cocer dos minutos, reservar y enfriar; añadir el puré de cerezas (si no lo encuentra triturar cerezas con un 10% de agua) y el atún cortado en cuatro piezas; dejar macerar una noche.

Al día siguiente, escurrir las piezas de atún, por un lado, la verdura por el otro y el jugo restante por el otro. En una cacerola antiadherente, con un chorrito de aceite marcara fuego vivo las piezas de atún salpimentadas y bien secas, una vez bien doradas (aunque estén crudas por dentro), sacar las piezas y desechar el aceite. Volver a poner un chorrito de aceite nuevo y añadir la verdura de la marinada a fuego suave, medio litro de fumet y el jugo de marinada, cuando estén hirviendo introducir las piezas de atún marcadas y dejar cocer veinte minutos a fuego suave con tapa; transcurrido ese tiempo, dejar reducir sin tapa dándoles vueltas para glasear bien la carne de atún, es el

PARA EL ESTOFADO
~ 1 kg de carrillera de atún
~ 1 manojo de puerros
~ 2 zanahorias
~ 1 vaso de vino tinto
~ Medio litro de fumet rojo
~ 100 gr puré de cerezas
~ 100 gr de cerezas fresca
~ Sal
~ 3 granos pimienta
~ Tomillo fresco
~ Un chorrito de Aceite de oliva
~ 1 nuez de mantequilla.
~ Un hojas de eneldo

PARA EL COUSCOUS
~ 200 gr de couscous
~ 1 chorrito de Aove
~ 1 nuez de mantequilla
~ Sal
~ Pimienta
~ Una pizca de cúrcuma
~ Unas tirillas de pimiento asado

momento de añadir las cerezas sin hueso, la nuez de mantequilla y ponerlo en su punto de sal.

Hervir un vaso de agua y verter sobre el couscous, dejar reservar hasta que infle; en una sartén verter calentar el aceite y la mantequilla con el pimiento bien cortado, añadir el couscous y salpimentarlo, añadir la cúrcuma y rehogar dos minutos.

ACABADO

Poner en un cuenco semiplano, el couscous rehogado y añadir la pieza de atún bien glaseada con cerezas y hojitas de eneldo.

Otros pescados para este plato: Utilizar pescados o piezas que soporten bien la cocción: bonito, mero, corvina, etc.

2. Atún encebollado con almendras y manzana

Aquí presentamos un plato tradicional con cocción actualizada, soasada para ser más exacto, aunque como no, eso dependerá en gran medida de tus gustos, y de tu paciencia a la hora de hacer el encebollado. La manzana dará un toque de frescor a la elaboración.

Pelar y cortar la cebolla en brunoise fina, en una cacerola con aceite empezar a rehogar toda la cebolla, es un proceso lento que tardará, al menos, dos horas, dejaremos que la cebolla se agarre (pegarse en la base de la cacerola), pero sin quemarse; añadiremos un chorrito de agua y despegaremos con la espumadera, así cogerá color y sabor socarrado; repetiremos la operación hasta que la cebolla quede bien oscura y hecha, al final añadimos el vino blanco, repitiendo la operación como con el agua, junto con las hebras de azafrán (antes del vino para que rehogue un poquito; potenciará su sabor) y salpimentamos.

PARA EL ENCEBOLLADO
~ 2 kg de cebolla
~ Agua
~ 1 vaso de vino blanco
~ Unas hebras de azafrán
~ Sal
~ Un chorrito de aceite de oliva Virgen Extra
~ Pimienta

PARA EL ATÚN ENCEBOLLADO
~ 4 piezas de atún en forma de lingote
~ 1 pizca de aceite de oliva
~ 200 gr de fumet
~ 50 gr de almendra frita
~ Media manzana Grammy Smith
~ Sal
~ Encebollado

En una sartén antiadherente, marcamos a fuego vivo el atún por todos sus lados, debe quedar bien dorado y al punto rojizo en el interior. Enfriar en agua con hielo para cortar la cocción, secar bien en introducir en el encebollado.

Calentar con un poco de fumet a fuego muy suave para respetar el punto de cocción del atún, más bien atemperarlo, ponerlo en su punto de sal.

Cortar el atún en tacos, untarles el encebollado, la manzana cortada en daditos y la almendra picada en láminas

Otros pescados para este plato: Utilizar pescado graso como el chicharro, el bonito o la melva

3. Paella de atún con caponata de tomate, consomé de verduras-soja y alioli de plancton marino

Os proponemos una paella clásica sin más guarnición que el atún levemente hecho, las salsas de emulsión son variantes clásicas para poner al gusto del consumidor; atención a los pasos para conseguir nuestro arroz perfecto, aunque como decía mi maestro paellero, no hay dos paellas iguales, cada una necesita lo suyo… Muy importante una paella amplia, donde el arroz quede lo más fino posible para una cocción más homogénea.

Pelar y cortar la cebolla en rodajas gruesas, poner en una sartén antiadherente y tostar bien por los dos lados, sin grasas, debe quedar muy tostado.

Cortar la zanahoria pelada en juliana fina, y el puerro, meter en una olla toda la verdura con el agua y la soja y cocer a fuego muy suave, durante cinco horas, tapado.

Verter el plancton marino en un bol y añade agua poco a poco. Remueve vigorosamente, debes conseguir una pasta de textura parecida a la de la miel. Puede llevarte un par de minutos, si queda algún grumo pequeño es que no se ha mezclado lo suficiente.

La proporción de agua y polvo liofilizado es de una media de cuatro ml de

PARA EL CONSOMÉ DE VERDURAS-SOJA
~ 5 litros de agua
~ 1 kg de cebolla
~ 1 manojo de puerros
~ 4 cebolla
~ 600 gr de salsa de soja

PARA LA PICADA DE TOMATE
~ 100 gr Aove
~ 5 gr de vinagre suave
~ 30 gr tomate concentrado
~ 30 gr de caviar de berenjenas (mirar receta de la lubina)
~ 5 gr de aceituna manzanilla
~ 10 gr pimientos asados picados.
~ Mezclar todos los ingredientes y reservar

PARA EL ALIOLI DE PLANCTON
~ 5 gr de plancton
20 gr agua
~ Alioli casero (recetas base)

agua (cuatro gramos) en un gramo de plancton liofilizado. Según necesidades se puede añadir más o menos agua en función de la consistencia que se le quiera dar a la aplicación. Añadir punto de sal. Es aconsejable dejar reposar la mezcla entre uno y dos minutos si se va a usar inmediatamente. Mezclar al gusto con el alioli de forma que quede bien verde y aromático.

Directamente en la sartén, y a fuego vivo con un poco de aove, ir marcando el lomo de atún por todos lados dejándolo ligeramente soasado (mientras menos hecho, mejor lo cortaremos). Sacamos y enfriamos. En la misma sartén nos deshacemos del aceite usado y agregamos aceite nuevo, a fuego suave sofreímos suavemente el ajo muy picado, seguido rápidamente del pimentón y del tomate (hay que tener especial cuidado en estos momentos ya que el ajo y el pimentón se queman con facilidad).

Rehogamos a fuego suave durante un minuto todos los ingredientes y añadimos el arroz dándole, al menos, un minuto más antes de mojarlo con el caldo; siempre poco a poco (nunca de sopetón) y bien caliente o hirviendo.

Los primeros siete minutos deben estar a tope de fuego para que el calor entre en el interior del grano de arroz, debe hervir con alegría y con bastante caldo. Los seis minutos siguientes lo dejaremos a fuego medio bajo, distribuiremos el arroz según necesidad; ya solo nos quedaría de tres a seis minutos más dependiendo de cómo siga el grano, momento de añadirle el lomo fileteado del atún, ponerlo en su punto de sal (con cuidado: el consomé de cebolla tiene salsa de soja) y de procurarnos un buen socarrado para lo cual el fuego estará al mínimo. Si el arroz es tipo bomba tardará los dieciocho minutos e incluso necesitaremos un par de minutos más de reposo para que quede en su punto.

PARA LA PAELLA
~ Aove
~ 4 dientes de ajo
~ 1 cucharada de moka de pimentón dulce
~ 60 gr de tomate concentrado
~ 160 gr de lomo de atún
~ 160 gr de arroz redondo tipo bomba
~ 1 litro de consomé de cebolla
~ Sal
~ Picada de tomate
~ Alioli de plancton marino

ACABADO

En la fase final debemos asegurarnos que el arroz este hecho en su punto y que ha quedado pegado a la paella; ponemos la picada y unos puntos de alioli (accesorios que también podemos poner el plato). A la hora de servir, debemos raspar por abajo la paella para ver que el arroz está suelto y todas las raciones llevan socarrado.

Otros pescados para este plato: Para el efecto del plato sería interesante pescados de la mismas características del atún, como el bonitos o alistados ahora bien para arroces en general utilizar pescados o piezas que soporten bien la cocción: mero, corvina, rape, etc.

4. Galete de atún lacado con ñoquis de mojama

No vamos a descubrir lo rico que están los ñoquis y lo bien que van como guarnición o plato único; si podéis alentaros a aromatizarlos; con la precaución de utilizar productos secos para no cambiar la base de la receta y continúe teniendo textura de ñoqui.

La galete es una pieza rica en gelatina, ten en cuenta que no deja de ser las cocochas del atún, que nos viene de maravilla rico, guiso meloso y lleno de sabor.

Para hacer la patata lo ideal es hacerla en horno y no cocerlas, sino absorberán agua. Lavar y cocinar con piel y un poco de sal todavía mojadas dentro de un papel aluminio bien cerrado (un papillote para entendernos) cocemos a 160°C hasta que la patata ceda totalmente al pinchar, mientras más hechas mejor. Pelarlas y pasarlas por el pasapurés de agujero fino a un bol.

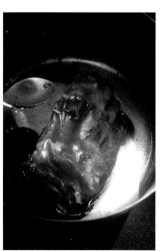

Elaboración

Una vez obtengamos la pulpa de patata, añadimos el resto de los ingredientes,

PARA LOS ÑOQUIS
~ 200 gr de pulpa de patata cocida
~ 200 gr sémola de trigo
~ 1 yema de huevo
~ 8 gr de sal
~ 50 gr de mojama rallada fina
~ 20 gr parmesano rallado
~ Nuez moscada

PARA EL GUISO DE GALETE
~ 2 piezas de Galete
~ 100 gr de puerros
~ 100 gr tomate natural triturado
~ 50 gr zanahorias
~ 1 ramita de tomillo fresco
~ 100 de Oloroso
~ 250 gr de fondo de ternera
~ Sal
~ Pimienta
~ Aove
~ Cebollino picado

tener cuidado con la sal y la nuez moscada, probar por si hay que rectificar de sal.

Amasar bien con las manos sobre una superficie espolvoreada (añadir más harina si fuese necesario, hay muchas variedades de patatas y puede que tengan más humedad) y cortar las piezas en cinco trozos. Con cada trozo ahora hacemos un rulo de un cm de diámetro, sobre una mesa espolvoreado con un poco de harina. Cortamos en cachitos de un cm y con las manos hacemos bolitas. Cada bolita con ayuda de un tenedor lo giramos para que nos quede más alargada y a la vez se queden los marcados y las dejamos en una bandeja con un poco de harina.

Calentar un cazo con agua y sal, cocer los ñoquis.

Los ñoquis al principio van al fondo de la cazuela y es cuando suben a la superficie cuando están cocidos, rescatamos del agua y reservamos.

En una cazuela amplia marcar la pieza de atún entera con espina, con un poco de aceite, sal y pimienta; una vez doradas, pero crudas en el interior, sacamos y reservamos. Desechamos el aceite utilizado y en la misma cazuela volver a poner aceite crudo, y a fuego suave introducimos todas las verduras limpias y cortadas a groso modo, las dejaremos diez minutos rehogando, le volvemos añadir las piezas de atún y mojamos con el oloroso, dejamos evaporar y volvemos a mojar con el fondo oscuro.

Con la cazuela sin tapa dejaremos cocer a fuego suave, al menos, quince minutos; sacaremos las piezas de pescado y le quitamos la espina. Colaremos el jugo de las verduras; volvemos a verter el jugo en la cacerola y dejamos reducir a fuego muy suave hasta que rebaje a la mitad, añadir el pescado de nuevo e ir bañándolo ayudándose de una cuchara para que tenga liquido por todos lados; debe quedar la pieza bien brillante. Ponerlos en su punto de sal.

ACABADO

Doramos en una sartén antiadherente los ñoquis con aceite y mantequilla, sal y pimienta, colar el exceso de grasa y añadirlo al quiso como guarnición. Espolvoreamos un poco de cebollino picado.

Otros pescados para este plato: Utilizar pescados o piezas que soporten bien la cocción: bonito, mero, corvina, etc.

VOCABULARIO

ADEREZAR

~ Dar el sabor justo a una comida, con la adicción de sal, caldo, especias…

ADOBAR

~ Colocar un género crudo en adobo (compuesto de legumbres, hierbas aromáticas, vino, etc.).

AGARRARSE

~ Pegarse un preparado al recipiente por cocción excesiva.

ALBARDAR

~ Envolver un género en una lámina de tocino para que no se seque al cocinarla.

ABRILLANTAR

~ Consiste en dar brillo a un alimento, normalmente con gelatina.

AMASAR

~ Trabajar una masa con las manos.

ASUSTAR

~ Agregar un líquido frío a un preparado en ebullición.

BAÑAR

~ Cubrir totalmente un género con una materia líquida pero suficientemente espesa como para que permanezca sobre el producto.

BLANQUEAR

~ Cocer ligeramente un alimento como proceso previo a su cocinado.

BOUQUET GARNI

~ Ramillete de hierbas, verduras y condimentos que sirven para aromatizar caldos y fondos.

BRIDAR

~ Atar con un bramante o cuerda fina una carne o pescado para darle forma o que no pierda la que tiene.

BROCHETA

~ Aguja metálica para ensartar diversos géneros (carnes, pescados, marisco, etc.), troceados y hechos, normalmente a la parrilla.

COLA DE PESCADO

~ Gelatina en forma de láminas.

COMPOTA

~ Cocción de frutas frescas o secas en un almíbar aromatizado.

CURAR

~ Someter las carnes o pescados a la acción del aire o humo para secarlos y endurecerlos para así poder conservarlos.

DENTE (AL)

~ Punto de cocción de las pastas alimenticias.

DESALAR

~ Quitar la sal a un género salado, sumergiéndolo en agua o leche fría.

DESANGRAR

~ Introducir en agua una carne o pescado para que pierda la sangre.

DESECAR

~ Extraer la humedad de los alimentos para su conservación.

DESGLASAR

~ Agregar vino o caldo a una placa de asar, que se acaba de usar, con el fin de recuperar el jugo que contenga.

DESOLLAR

~ Quitar la piel.

DORAR

~ Saltear a fuego vivo un género para que tome color.

~ Dar color a la superficie de un alimento.

EMPANAR

~ Pasar un género por harina, huevo batido y pan rallado antes de freírlo.

EMPLATAR

~ En cocina, es colocar los preparados en las fuentes o platos donde se presentan. En el comedor, es pasar los preparados a los platos para los clientes.

ENCAMISAR

~ Cubrir las paredes internas de un recipiente con un género, dejando el centro para rellenar.

ENCOLAR

~ Agregar gelatina a un preparado culinario para que tome cuerpo y brillo al enfriarse.

ENGRASAR

~ Untar un recipiente con grasa para que no se peguen los preparados.

ENHARINAR

~ Espolvorear o cubrir con harina un género.

ESCABECHAR

~ Tipo de elaboración en la que el ingrediente principal irá condimentado con vinagre, vino y hortalizas.

ESCALDAR

~ Introducir brevemente un género en agua hirviendo, generalmente se usa para facilitar su posterior pelado.

ESCALFAR

~ Cuajar un huevo dentro de una preparación culinaria. También se dice cuando se introduce un género en agua próxima a la ebullición, con un poco de vinagre.

ESCALOPINES

~ Pequeños filetes.

ESCAMAR

~ Quitar escamas a un pescado.

ESPOLVOREAR

~ Repartir en forma de lluvia un género en polvo.

ESPUMAR

~ Quitar las impurezas que, en forma de espuma, flotan en un caldo.

ESTAMEÑA

~ Paño blanco para pasar, presionando, purés, salsas, etc.

ESTIRAR

~ Trabajar una masa con el rodillo para dejarla más fina.

FARSA

~ Compuesto de una o varias materias que sirve para rellenar manjares.

FLAMBEAR

~ Quemar un alcohol sobre un preparado.

FLAMEAR

~ Pasar por la llama un animal para quemar las plumas o pelos que le queden.

FONDO

~ Caldo obtenido de la cocción de carnes, legumbres, huesos, etc., que se utiliza para preparar consomés, sopas, salsas, etc.

GALANTINA

~ Fiambre cocido y prensado, elaborado a partir de una farsa de carne adicionada con leche, nata, huevos y los ingredientes que se le quieran añadir para realzar el sabor. Hoy día no solo se elaboran galantitas de carne, pueden ser también de marisco.

GRATINAR

~ Tostar la parte superior de un preparado al horno en una fuente o salamandra, formando una especie de costra.

GUARNICIÓN

~ Géneros que acompañan a las preparaciones culinarias, sirven de complemento al alimento principal.

LEVANTAR

~ Hervir de nuevo un preparado para que no se estropee.

LIGAR

~ Añadir a un preparado un elemento de ligazón para espesar.

~ Mezclar diversos ingredientes de forma homogénea.

LIOFILIZACIÓN

~ Método de conservación de alimentos, consistente en la extracción de la humedad.

MACERAR

~ Introducir un alimento en un líquido adecuado, durante un tiempo, para extraer sus principios solubles. Este procedimiento se hará sin aplicar calor.

MARCAR

~ Colocar los cubiertos necesarios ante el cliente, en la mesa, en relación con el plato que va a tomar.

~ Preparar las operaciones básicas para iniciar la confección de un plato, a falta de su cocción final.

MECHAR

~ Introducir con una aguja mechadora tiras de tocino y otros elementos, para asarlas después.

MEDALLÓN

~ Cortes para racionar en forma cilíndrica.

MOJAR

~ Agregar líquido a un preparado.

MOLDEAR

~ Colocar un preparado culinario dentro de un molde para que adquiera su forma.

MORTERO

~ Utensilio para majar especias, semillas, etc.

MOUSSE

~ Preparaciones diversas, saladas o dulces, cuyo denominador común es la ligereza.

NAPAR

~ Cubrir un manjar con una salsa.

OBLEA

~ Torta muy fina, a base de harina y de forma circular.

PANACHÉ

~ Plato elaborado con verduras cocidas variadas.

PAPILLOTE

~ Denominación para aquellos preparados que van envueltos en un papel untado de grasa, que durante su preparación se inflan.

PASADO

~ Cocción excesiva de un alimento.

~ Sobrepasar la vida útil de un género.

PASTEURIZACIÓN

~ Proceso para la conservación de alimentos sometiéndolos a ciertas temperaturas (próximas a 70 grados) que destruyen los microorganismos sin variar las características del alimento.

POCHAR

~ Dejar cocer lentamente un producto.

PUNTO DE NIEVE

~ Grado de color y consistencia que adquieren las claras de huevo, al batirlas convenientemente.

QUENEFAS

~ Géneros finamente picados y amasados en forma de pequeñas bolas.

REBOZAR

~ Pasar un género por harina y huevo antes de freír.

RECTIFICAR

~ Poner a punto de sal, color... un preparado culinario.

REDUCIR

~ Cocer un preparado para evaporar parcialmente los líquidos que contiene.

REFORZAR

~ Agregar un caldo o algún género para intensificar el color, sabor o aroma de algún preparado.

REFRESCAR

~ Hacer que un alimento caliente se enfríe rápidamente mediante agua fría e hielo.

REFRIGERAR

~ Aplicar frío sin llegar a congelación.

REHOGAR

~ Saltear a fuego lento un género sin que tome color.

SALSEAR

~ Cubrir o acompañar con salsa un manjar.

SALTEAR

~ Cocer un género con grasa y a fuego fuerte para que se dore por fuera.

SUDAR

~ Hacer sudar un producto es cocinarlo sin que se dore.

SUPREMA

~ Corte de un solo lomo de pescado.

TAMIZAR

~ Separar por medio de un tamiz o cedazo, las partes gruesas o inútiles de harinas o similares.

TORNEAR

~ Dar forma con cuchillos y otros útiles especiales a legumbres, tubérculos, etc., con el fin de que adquieran mejor presentación.

TRABAJAR

~ Batir o remover salsas, pastas o masas con una varilla, espátula de mano.

TRABAR

~ Ligar una salsa, crema, etc., por medio de huevos, harina, etc.

TRINCHAR

~ Cortar una vianda, teniendo en cuenta su anatomía.

VOLCÁN

~ Forma de colocar la harina en la mesa de mármol, con un agujero o hueco en el centro para añadir otros ingredientes.

RECETAS BASE

Fumet neutro

INGREDIENTES

- ~ 1 chorrito de aceite de oliva virgen extra
- ~ 1 cebolla mediana picada en rodajas finas
- ~ Verde de puerro
- ~ 2 zanahorias limpias y picadas
- ~ 500 gr de cabezas y/o espinas de pescado, blanco (sin las branquias, ni ojos)
- ~ 6 c/s de vino blanco 50 grs

PROCEDIMIENTO

Lavar bien y trocear las espinas para que pierda sangre, deben quedar bien limpias

Sudar en aceite a fuego muy suave y tapado la cebolla y el verde de puerro en rodajas finas (5 minutos). Una vez tiernas, adjuntar los restos del pescado y las espinas. Subir el fuego y sudar otros 15 minutos removiendo de vez en cuando sin que dore ni el pescado ni las verduras.

Introducir el vino y hervir hasta dejar sin alcohol. Verter 1 litro agua y el dejar hervir unos 30 minutos a fuego lento.

Retirar del fuego y dejar reposar durante 10 minutos.

En caso de quererlo más concentrado, colar y dejar reducir.

Colar con colador fino.

Fumet rojo

- ~ 1 chorrito de aceite de oliva virgen extra
- ~ 1 diente de ajo
- ~ 1 cucharada de pimentón dulce
- ~ 1 cebolla mediana picada en rodajas finas
- ~ Verde de puerro
- ~ 1 tomate
- ~ 500 gr de cabezas y/o espinas de pescado, blanco (sin las branquias, ni ojos)
- ~ 6 c/s de vino blanco 50 gr

PROCEDIMIENTO

Lavar bien y trocear las espinas para que pierdan toda la de sangre. Rehogar en aceite a fuego medio el ajo, la cebolla y el verde de puerro en rodajas finas (5 minutos). Una vez tiernas, adjuntar el pimentón y al minuto; el tomate en dados, dejar cocer otros 5 minutos y añadir los restos del pescado y las espinas, subir el fuego y sudar otros 15 minutos removiendo de vez en cuando sin que dore ni el pescado ni las verduras.

Introducir el vino y hervir hasta dejar sin alcohol. Verter 1 litro agua y el Dejar hervir unos 30 minutos a fuego lento.

Retirar del fuego y dejar reposar durante 10 minutos.

En caso de quererlo más concentrado, colar y dejar reducir.

Colar con colador fino.

Fumet oscuro

INGREDIENTES

- ~ 1 chorrito de aceite de oliva virgen extra
- ~ 1 diente de ajo
- ~ 1 cebolla mediana picada en rodajas finas
- ~ Verde de puerro
- ~ 1 tomate
- ~ 500 gr de cabezas y/o espinas de pescado, blanco (sin las branquias, ni ojos)
- ~ 50 ml de vino tinto

PROCEDIMIENTO

Lavar bien y trocear las espinas para que pierdan toda la de sangre; secar bien con papel y meter al horno (precalentado a 200°c) hasta que queden bien tostados. Una vez frio, retirar las espinas y poner la bandeja al fuego, añadir el vino el ir despegando los jugos caramelizados del pegado con el hervor del vino y una espátula, dejar que se vaya el alcohol y añadir al resto de ingredientes.

Rehogar en aceite a fuego medio el ajo, la cebolla y el verde de puerro en rodajas finas (5 minutos). Una vez tiernas, adjun y al minuto; el tomate en dados, dejar cocer otros 5 minutos y añadir los restos del pescado y las espinas, subir el fuego y sudar otros 15 minutos removiendo de vez en cuando sin que dore ni el pescado ni las verduras ¡¡OJO!!

Introducir el vino y hervir hasta dejar sin alcohol. Verter 1 litro agua y el Dejar hervir unos 30 minutos a fuego lento.

Retirar del fuego y dejar reposar durante 10 minutos.

En caso de quererlo más concentrado, colar y dejar reducir.

Colar con colador fino.

Fumet rojo con marisco

- ~ Cabeza de langostinos
- ~ Cola de rape
- ~ 100 ml de vino blanco
- ~ 1 cebolla
- ~ 1 zanahoria
- ~ Pimentón
- ~ 2 litros de agua

PROCEDIMIENTO

Marcar las cabezas en una sartén. Dorar las colas de rape al horno con un poco de aceite, dorar las verduras cortadas en una cacerola, cuando estén hechas añadir el pimentón, hacer un poco con cuidado que no se queme, añadir las colas desglase de su jugo con el vino y las cabezas de langostinos; mojar con el agua y cocer 20 minutos; colar y enfriar.

Hojaldre

INGREDIENTES

- ~ 1 kg de harina
- ~ 200 gr de mantequilla
- ~ 450 gr de agua fría
- ~ 24 gr de sal
- ~ 800 gr de mantequilla

PROCEDIMIENTO

Colocaremos en primer lugar en un bol o si no en la amasadora la harina, la sal, 200 grs de mantequilla, pomada si se hace a mano y dura, en trocitos, si se hace a máquina. Se mezcla durante medio minuto y se le añade el agua. Amasamos hasta obtener una masa lisa y homogénea, hacemos una bola y dejamos reposar durante media hora como mínimo, en la nevera.

 Con un rodillo y entre dos papeles de cocción de cocina golpeamos suavemente los 800gr de mantequilla y lo vamos trabajando hasta dejarla de forma rectangular con un centímetro de grosor homogéneamente, reservamos en la nevera

Seguidamente estiramos la masa de forma rectangular un tercio más larga que la mantequilla

 A continuación, colocamos la mantequilla sobre la masa ocupando dos tercios de la misma, doblamos el tercio sobrante de masa sobre la mantequilla y cerramos encima con el tercio de masa y mantequilla del otro extremo dejamos reposar en nevera, al menos 20 minutos. Estiramos la masa de nuevo con rodillo y papel de la forma rectangular y volveremos a doblar un tercio de un lado hacia el interior y cerraremos encima con el tercio del otro lado; volvemos a reposar 20 minutos, al menos.

Con ello llevaríamos ya 2 dobleces simples; repetiremos la operación 4 veces más teniendo mucho cuidado de que la mantequilla de desdobla de forma homogénea por toda la masa.

Finalmente estiramos la masa y cortamos la pieza que necesitamos para estirarla bien de forma respetuosa con las capas de grasa-harina que hemos creado con las dobleces.

Mayonesa

- ~ 1 huevo
- ~ 20 gr de zumo de limón
- ~ 2 gr de sal
- ~ 300 gr de aceite de girasol

PROCEDIMIENTO

En un bol, poner el huevo, el limón y la sal, batir con energía hasta que quede homogéneo y cambie a color más claro, vamos añadiendo el aceite a chorrito fino sin parar de trabajar hasta que quede una salsa homogénea y emulsionada.

Alioli

- ~ 1 huevo
- ~ 3 dientes de ajo blanqueados
- ~ 20 gr de zumo de limón
- ~ 2 gr de sal
- ~ 300 gr de aceite de girasol

PROCEDIMIENTO

Partiendo de agua fría, poner al fuego con un poco de agua los tres dientes, quitar cuando empiece a cocer y escurrir, volver a llenar de agua fría y poner al fuego de nuevo, hasta que hierva; repetir la operación una vez más hasta un total de tres. En un vaso americano poner el huevo, el limón, los ajos blanqueados y la sal, batir hasta que quede homogéneo y cambie a color más claro, vamos añadiendo el aceite a chorrito fino sin parar de trabajar hasta que quede una salsa homogénea y emulsionada.

Tempura negra

INGREDIENTES

- ~ 75 gr harina
- ~ 100 gr agua
- ~ 25 gr tinta de calamar
- ~ 5 gr levadura fresca

PROCEDIMIENTO

Mezclar el agua con la tinta y la levadura a temperatura ambiente, añadir la harina y trabajar hasta que no queden grumos. Dejar reposar tapada, al menos 1 hora, hasta que triplique su volumen. Lista para utilizar.

LA OPINIÓN DE
ÁNGEL LEÓN

¿QUÉ GRADO DE IMPORTANCIA TIENE EL PESCADO EN TU COCINA?

En una cocina 100% marina el pescado es una proteína fundamental. El mar es mi fuente de inspiración y encontrar en él ingredientes inéditos para el ser humano. Siempre he pensado que todo lo que nos da la tierra a nivel materias primas, tiene su homólogo en el mar. Por eso aspiro de aquí a cinco años quizás tener un menú 100% marino, pero en el que el protagonista no sea exclusivamente el pescado. Además de seguir poniendo en valor esas especies más denostadas o aquellas que el ser humano por cuestiones de modas descarta. Solo conocemos el 40% de la despensa marina, queda todo por descubrir.

¿TE PREOCUPA LA SOSTENIBILIDAD DEL PESCADO? ¿LO HACES PATENTE EN TU COCINA?

Es algo que venimos defendiendo desde los comienzos de Aponiente en 2007. Hubo un momento que nadábamos contra corriente y el mundo no entendía porque servíamos ciertos pescados en Aponiente, esos que el resto descartaban y que nosotros llevábamos (llevamos) al a mesa a través de nuestros platos, de los embutidos marinos... Hoy en día todo es sostenible. Hasta en las gasolineras... es de los términos más prostituidos hoy en día.

¿QUÉ CARACTERÍSTICAS TE GUSTAN MÁS DEL PESCADO COMO PRODUCTO Y TE GUSTA DESTACAR EN TU COCINA?

Todo lo que esté relacionada con la mar me apasiona y creo que desde ese punto de partida ya se crea una sinergia natural. Lo que mas me gusta ensalzar e intento transmitir siempre en todo lo que hago es lo desconocido, lo humilde, lo insignificante que a veces tenemos algunos productos en mente y que pueden ser excelsos.

¿QUÉ TÉCNICAS DE COCINA SON TUS PREFERIDAS A LA HORA DE COCINAR EL PESCADO?

Quizás el respeto al mar e intentar transformar esas proteínas marinas en algo mas terrenal, haciendo guiños cárnicos para que todos los clientes puedan degustar la mar sin esa frontera visual o de gusto.

Pero vamos que una buena fritura en un AOVE por derecho… o una buena pieza a la sal, cuidando bien los tiempos…

¿TIENES ALGÚN OJITO DERECHO MARINO? ¿Y ALGUNA ESPINITA CLAVADA? ¿POR QUÉ?

El borriquete es uno de mis ojitos marinos favoritos

Y en cuanto a espinita clavada, más que un pescado como tal, lo que me encantaría un día enrolarme en un barco de pescadores y darle de comer con todo lo que la demanda exige no tener precio o incluso desaprovechar tirándolo por la borda, creo que seria un punto de inflexión saber cuantos kg de otras especies menospreciadas son denostadas para tener 1 kg de gamba roja o de la mejor merluza; si fuésemos conscientes de esto quizás nuestra perspectiva cambiase.

ALGÚN CONSEJO QUE PODAMOS SEGUIR EN NUESTRAS CASAS A LA HORA DE COCINAR PESCADOS.

Comprar pescado fresco, de confianza, tratarlo con cariño e intentar siempre ver los que no son tan comunes con otros ojos.

BIBLIOGRAFÍA

FLORIDO, David; SANTOS GARCÍA, Antonio; RUIZ ACEVEDO, Juan Manuel; LÓPEZ GONZÁLEZ, Jose Antonio: *Las almadrabas sur atlánticas andaluzas: historia, tradición y patrimonio (S. XVIII-XXI)*. Editorial Universidad de Sevilla

BRILLAT SAVARIN, Jean Anthelme: *Filosofía del gusto*. Editorial Losada.

LEÓN, Ángel: *El chef del mar*. Editorial Montagud.

GONZÁLEZ TURMO, Isabel: *Comida de rico, comida de pobre: los hábitos alimenticios en el Occidente andaluz (Siglo XX)*. Editorial Universidad de Sevilla.

—*Cocinar era una práctica*. Ediciones Trea.

McGEE, Harold: *La cocina y los alimentos*. Editorial Debate.

MYHRVOLD, Nathan; YOUNG, Chris; BILET, Maxime: *Modernist Cuisine, arte y ciencia de la cocina*. Editorial Taschen

Manual curso técnico de restauración. Escuela de Hostelería de la Fundación Cruzcampo.

SÁNCHEZ, Jesús: *La cocina del Cantábrico, Cenador de Amós*. Editorial Everest.

CAMARENA, Richard: *Caldos/broths*. Editorial Montagut.

ROCA, Joan: *Cocina con Joan Roca*. Editorial Planeta.

El gran libro de los pescados. Editorial Everest.

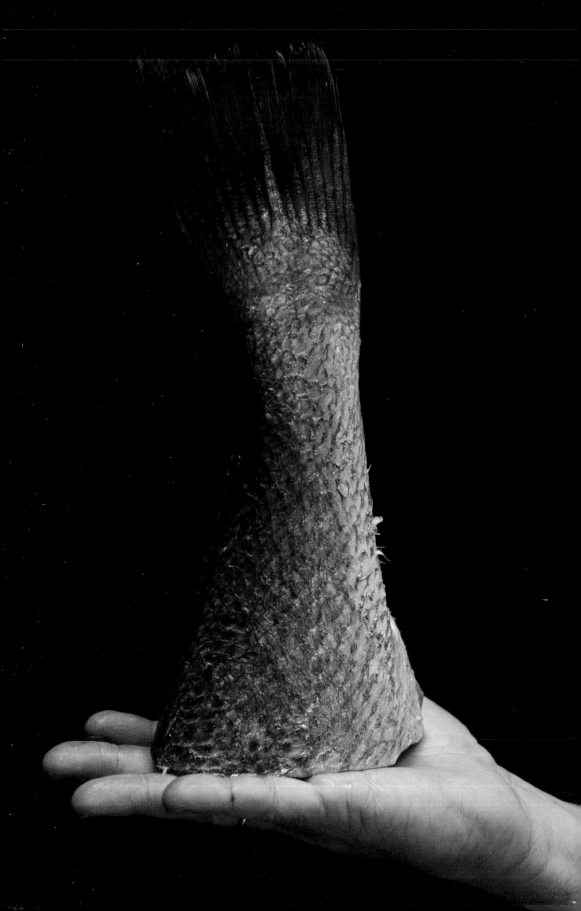

AGRADECIMIENTOS

Quiero dar las gracias a Enrique Parrilla por revisar y mejorar los pareados que servidor populacheramente ha versado. Agradecer a la Escuela de Hostelería de la Fundación Cruzcampo por ceder sus espacios y recursos para la elaboración de las fotos, así como a Patricio García Blanca y su magnífico espacio Foodclub.

Dar las gracias también a mis alumnos de la promoción 19-20 cuyas manos y ayuda fueron decisivas para las fotografías; los dos Pablos, Juan, Pedro, Fran, Nerea, Mariam, Ayuba, etc. Gracias a todos. También a mis compañeros Raquel, Carmelo y Javier; a Juan Ramón por limpiar la dorada a la sal y a Pepa de Pescados La Moneda por colaborar en este trabajo. Este libro tampoco sería posible sin la inestimable ayuda de la editorial; a Rosa García Perea, Pepe Arévalo y al diseño y la maquetación de Miguel Andréu. A Ángel León porque nunca me ha dicho que no y esta vez ha vuelto a decirme que sí. A Isabel González Turmo por su amistad, conocimiento y sabios consejos.

A Lourdes, mi mujer, por su paciencia de reescuchar mis mil relecturas y a mi madre que se fue, antes de verlo, pero conociéndolo.

No podría acabar sin dar las gracias a Alberto por su trabajo fotográfico, su implicación, y por ejercer, como siempre hace, de amigo. Y, por supuesto, a ti querido lector-cocinilla: espero que lo disfrutes y nos permita unirnos en la diversidad, porque para eso está hecha la cocina.

Este libro se terminó de imprimir en su primera edición por encargo de la editorial Almuzara, el 21 de enero de 2022. Tal día del 1893 es patentada la fórmula de la Coca-Cola.